# ॥ मंत्र शक्ति जागरण ॥

मंत्र महर्षि
योगभूषण महाराज

BlueRoseONE.com
Stories Matter
NewDelhi • London

# मंत्रशक्ति जागरण

:: प्रस्तोता::
धर्मयोगी गुरुदेव
श्री योगभूषण महाराज

**BLUEROSE PUBLISHERS**
India | U.K.

Copyright © Yog Bhooshan Maharaj 2025

All rights reserved by author. No part of this publication may be reproduced, stored in a retrieval system or transmitted in any form or by any means, electronic, mechanical, photocopying, recording or otherwise, without the prior permission of the author. Although every precaution has been taken to verify the accuracy of the information contained herein, the publisher assumes no responsibility for any errors or omissions. No liability is assumed for damages that may result from the use of information contained within.

BlueRose Publishers takes no responsibility for any damages, losses, or liabilities that may arise from the use or misuse of the information, products, or services provided in this publication.

For permissions requests or inquiries regarding this publication, please contact:

BLUEROSE PUBLISHERS
www.BlueRoseONE.com
info@bluerosepublishers.com
+91 8882 898 898
+4407342408967

ISBN: 978-93-7018-573-9

First Edition: April 2025

जिनके मन्त्रों से मेरा जीवन

अभिमन्त्रित हुआ

उन सभी मंत्रात्माओं

को

सादर समर्पित

**धर्मयोगी-योगभूषण**

# अनुक्रम

| | |
|---|---|
| **भूमिका** | 9 |
| **प्रकाशकीय** | 17 |
| **अपनी बात** | 20 |
| मंत्र-शक्ति | 25 |
| मंत्र की शक्ति और उसके प्रयोग का महाविज्ञान | 37 |
| मंत्र शक्ति जागरण (विधि-विधान) | 48 |
| साधक | 48 |
| मंत्र साधना विचार | 51 |
| मंत्र सिद्धि स्थान | 53 |
| मंत्र साधना के आसन | 55 |
| मंत्र साधना मुद्रा | 58 |
| मंत्रशक्ति जागरण की आवश्यक विधि | 62 |
| मंत्र साधना में अँगुलियों का फल | 65 |
| जप आसनों का फल | 66 |
| वस्त्रों का फल | 67 |
| माला के जाप का फल | 68 |
| मंत्र-जप-ध्यान | 69 |
| स्थान के जाप का फल | 71 |
| मंत्र साधना के लिए काल निर्देश | 72 |
| मंत्र सिद्ध होगा या नहीं उसको देखने की विधि | 74 |
| मंत्र साधना की विस्तृत विधि | 76 |
| मंत्रशक्ति जागरण के लिए आवश्यक निर्देश | 80 |
| गुरु से मंत्र ग्रहण करने की प्राचीन जैन विधि | 82 |

| | |
|---|---:|
| मंत्र भेद | 84 |
| णमोकार महामंत्र के पदों से उत्पन्न बीजाक्षर | 87 |
| बीजाक्षर शक्ति एवं प्रयोग | 94 |
| मंत्रध्वनि शक्ति | 99 |
| शरीरांग में द्वादशांग रूप मातृका वर्ण | 106 |
| मंत्र खण्ड | 109 |

## मंत्र खण्ड

| | |
|---|---:|
| णमोकार महामंत्र की साधना | 111 |
| णमोकार महामन्त्र की साधना की एक और विधि | 125 |
| रक्षा मंत्र | 128 |
| नवग्रह शान्ति मंत्र | 204 |

## मंत्रात्मक स्तोत्र

| | |
|---|---:|
| मंत्रात्मक स्तोत्र | 209 |
| श्री भक्तामर स्तोत्र | 211 |
| कल्याण मन्दिर स्तोत्र (संस्कृत) | 222 |
| श्री ऋषि मंडल स्तोत्र | 232 |
| सरस्वती स्तोत्र वसंततिलका छंद | 243 |
| श्री सरस्वती नामस्तोत्र | 246 |
| चिंतामणि पार्श्वनाथ स्तोत्र | 247 |
| उपसर्गहर पार्श्वनाथ स्तोत्र | 249 |
| श्री चन्द्रप्रभ स्तोत्र | 252 |
| श्री घंटाकर्ण महावीर स्तोत्र | 254 |
| वज्रपंजर स्तोत्र | 256 |
| सर्वविघ्नविनाशक पार्श्वनाथ मंत्रात्मक स्तोत्र | 258 |
| कलिकुण्ड श्री पार्श्वनाथ स्तोत्र आनंद-स्तवः | 261 |
| श्री जैन रक्षा स्तोत्रम् | 264 |
| नवग्रह शान्ति स्तोत्र | 268 |

# भूमिका

भारतीय संस्कृति में मंत्र शक्ति का विशिष्ट स्थान है। मंत्र के द्वारा आत्मिक जागरण किया जा सकता है। अध्यात्म के द्वार खोले जा सकते हैं। व्यक्ति अंतर्मुखी बन सकता है और पूरा आध्यात्मिक भी बन सकता है। मंत्र साधना का जितना महत्व आध्यात्मिक है उतना ही भौतिक भी है। आज की दुनिया में मंत्रों की साधना का प्रचलन इसलिए बढ़ रहा है क्योंकि व्यक्ति भौतिक सुख चाहता है। मंत्रों का उपयोग अच्छे काम के लिए भी हो सकता है और बुरे काम के लिए भी। शक्ति शक्ति होती है। इसका अच्छा या बुरा प्रयोग व्यक्ति पर निर्भर करता है। मंत्रों को लेकर आज के आम जनजीवन में जिज्ञासा, सद्भाव और इनसे जुड़े तथ्यों को जानने की आतुरता है। विशेषकर मंत्र विज्ञान से उत्तम, सुन्दर, अद्भुत और जीवन की समस्याओं को सुलझाने में महत्वपूर्ण क्षमता रखने वाले और उनसे शारीरिक, मानसिक, बाह्य-अभ्यंतर उलझनों-कष्टों से मुक्त होकर लाभान्वित होने की

कामना हर कोई करता है। मंत्र विज्ञान के जिज्ञासुओं की बहुत वर्षों से मांग आ रही है कि जैनदर्शन, इतिहास, अष्टांग निमित्त आदि कई विषयों में गहन-गंभीर विद्वान धर्मयोगी गुरुदेव श्री योगभूषणजी महाराज अपने मंत्र ज्ञान एवं विशेषज्ञता से जन-जन को लाभान्वित करने हेतु एक पुस्तक की संरचना करें। उन्होंने इस आवश्यकता की पूर्ति के लिए 'मंत्रशक्ति जागरण' पुस्तक की संरचना कर एक ऐतिहासिक एवं जनोपयोगी कार्य किया है। यह एक प्रामाणिक दुर्लभ कृति है जिसमें मंत्र विज्ञान की समग्रता से सरल एवं सहज भाषा में अभिव्यक्ति की गई है। मेरी दृष्टि में यह पुस्तक मंत्र विज्ञान की एक अनुपम कृति है जिससे संपूर्ण मानवता लाभान्वित हो सकेगी।

श्री योगभूषण महाराज की इस विलक्षण कृति में निर्मल ज्ञान की बहती गंगा से जैनधर्म के प्रति शीतल-निर्मलश्रद्धा-आस्था और ज्ञान की उर्मियों का पान करके पाठकगण आनंद विभोर हो सकेंगे एवं अपनी चिरपरिचित मंत्रों को लेकर बनी आतुरता को साकार होते हुए देख सकेंगे। मंत्र साधना से जुड़ी महत्वपूर्ण बातों का एवं आवश्यक विधि का लेखक ने विवेचन किया है। जनजीवन में प्रचलित मंत्रों के अलावा उन्होंने रक्षा मंत्र, नवग्रह शांति मंत्र, श्री भक्तामर स्तोत्र, श्री ऋषि मंडल स्तोत्र, सरस्वती स्तोत्र, श्री सरस्वती नामस्तोत्र, चिंतामणि पार्श्वनाथ स्तोत्र, उपसर्गहर पार्श्वनाथ स्तोत्र, चंद्रप्रभ स्तोत्र, घंटाकर्ण महावीर स्तोत्र, वज्रपंजर स्तोत्र, सर्वविघ्नविनाशक पार्श्वनाथ मंत्रात्मक स्तोत्र, कलिकुण्ड श्री पार्श्वनाथ स्तोत्र आनंद-स्तव:, श्री जैन रक्षा स्तोत्रम्, मंत्र शक्ति जागरण आदि में मंत्र साधना के जो प्रयोग बतलाए हैं वे महाशक्तिशाली, सुरक्षा के कवच एवं कल्याणकारी हैं। वे सब अपनी कुटुम्ब, जाति, समाज, देश, राष्ट्र, विश्व, धर्म-धर्मस्थलों

आदि की रक्षा, हिंसक पशु, पक्षियों, चोरों, डाकुओं, गुण्डों, बलात्कारियों, बदमाशों आदि भूत प्रेतादि की पकड़ बाधाओं, शत्रु एवं शत्रु सेनाओं से रक्षा तथा बचाव के लिए परमावश्यक और महाप्रभावशाली प्रयोग हैं। व्यावहारिक कार्यों की गुत्थियों को सुलझाने के लिए अमोघ उपाय है। धर्म प्रभावना, धर्मस्थलों की रक्षा, बैर-विरोध शमन, शांति स्थापित करने में अचूक हैं। महा आंधी, महावृष्टि को रोककर प्रलयंकारी से बचाव, अनावृष्टि-अवृष्टि का निवारण कर सूखे अकालादि से राहत, हिंसक को अहिंसक, व्यभिचारियों को सदाचारों, विपत्ति पीड़ितों को विपत्ति से मुक्ति दिलाकर सुखी बनाना, निसंतानों को संतान प्राप्ति, अविवाहितों को योग्य साथी की प्राप्ति, बिछड़ों का मिलाप, बंदी को बंदीखाने से मुक्ति, परिवार, पति-पत्नी में परस्पर बैर-विरोध झगड़े को मिटाकर एकता संगठन, प्रेम, स्नेह, सौहार्द करा देना, युद्धों से निजात दिलाना, शासकों आदि को मंत्र के चमत्कारों से प्रभावित कर धर्म, समाज, विश्व कल्याणकारी कार्यों में सहयोग लिया जा सकता है। विश्व में जितने भी भलाई के कार्य हैं वे सब मंत्रादि के प्रयोग से प्राप्त किए जा सकते हैं और सफलता प्राप्त कर जीवन को अमृतमय बना सकते हैं। इन सब स्थितियों को पाकर जीवन को खुशहाल एवं सात्विक बनाने की दृष्टि से यह पुस्तक कारगर है। इस पुस्तक में न केवल मंत्रों को सिद्ध करने की सरल विधि बतायी गई है बल्कि उनसे जीवन की समस्याओं से निजात पाने का रास्ता भी बताया गया है। श्री योगभूषणजी महाराज की मंत्र साधना और उससे जुड़े अलौकिक प्रयोगों को इस पुस्तक में समेटकर एक अप्रतिम कार्य किया गया है।

भारतीय मंत्रों की एवं मंत्र साधना की पाश्चात्य देशों में विशेष प्रसिद्धि है। वे लोग और वहां के विद्वानों ने भारतीय मंत्र शास्त्र की मुक्त कंठ से प्रशंसा की है और उनमें रहे हुए वैज्ञानिक तथ्यों की भावभीनी प्रशंसा की है। फ्रांस के महान विद्वान विक्टर क्यूज ने लिखा है कि भारत में उदय हुए विज्ञान सूर्य के प्रवचन तेज के सामने पश्चिमदेशीय विज्ञान शास्त्र एक मंद दीपक जैसा है उसका प्रकाश किसी भी क्षण हो नष्ट जाना संभव है। शोपन होर ने लिखा है कि भारतीय विद्याओं की महत्ता बतलाने के लिए बड़े-बड़े ग्रंथ लिखे जावें तो भी उनका पूर्ण वर्णन करना असंभव है।

जीवन उत्कर्ष के लिए मंत्र शक्तिशाली साधन है। मंत्र जीवन की अलग-अलग भूमिकाओं पर रहने वालों को अलग-अलग प्रकार से सहायक होता है। विशेष स्पष्ट करें तो धनार्थी को धन, संतानार्थी को संतान, आरोग्य-यशार्थी को आरोग्य-यश का अधिकारी बनाता है। विविध प्रकार के भयों से रक्षण करता है। कोई व्याधि, रोग या पीड़ा से पीड़ित हो तो उसका निवारण करता है। भूत, शाकिनी आदि की पीड़ा बाधा छाया से पीड़ितों को छुटकारा दिलाता है। आध्यात्मिक विकास द्वारा परमात्म पद तक पहुंचने की अभिलाषा हो तो उसमें भी अंत तक सहायक होता है। इन तथ्यों एवं मंत्र साधना के विविध आयामों को श्री योगभूषण जी महाराज ने प्रभावी ढंग से विवेचित किया है।

**मंत्र का वास्तविक स्वरूप क्या है? इसकी शक्ति कैसे उत्पन्न होती है? इसके कितने प्रकार है? इसकी कितनी आवश्यकताएं हैं? इसकी साधना करने वालों में कैसी योग्यता होनी चाहिए? इसके लिए गुरु की कितनी आवश्यकता है?**

साधना का क्रम क्या है? यह किस विधि से आगे बढ़ता है? मंत्र सिद्धि होने के लक्षण क्या हैं? मंत्र सिद्धि होने के बाद इसके प्रयोग किस प्रकार होते हैं आदि अनेक महत्वपूर्ण बातों का इस पुस्तक में विस्तारपूर्वक विवेचन है। इस विराट विश्व में ऐसा कोई पदार्थ नहीं है, ऐसी कोई वस्तु नहीं है जो मंत्र शक्ति के प्रभाव से प्राप्त न की जा सके। इसलिए हमारे प्राचीन महापुरुषों ने इसे कल्पवृक्ष, कामधेनु और चिंतामणि रत्न की उपमाएं दी हैं। इसलिए इसकी साधना, आराधना तथा उपासना पर विशेष बल दिया गया है।

मंत्रशक्ति जागरण की रचना जन संसर्ग से अधिकतर दूर रहने वाला तथा संयम, तप और योग की आराधना करने वाला कोई भी व्यक्ति कर सकता है। यदि कोई कहना चाहे कि इसमें कोई वैज्ञानिक तथ्य नहीं है तो वह गंभीर भूल करता है। सत्य तो यह है कि हमारे ऋषि मुनि मात्र संयमी, मात्र तपस्वी, मात्र योग साधक ही नहीं थे परन्तु ज्ञान के प्रकांड उपासक थे और विश्व की प्रत्येक घटना पर गंभीर गहरा विश्लेषण करके उसमें से वैज्ञानिक तथ्यों के अविष्कार में भी समर्थ थे। इसीलिए उनके द्वारा रचित विविध शास्त्रों एवं मंत्रों में विज्ञान की झलक प्रत्यक्ष दृष्टिगोचर होती है और वह जीवन के उत्कर्ष अथवा अभ्युदय की साधना के लिए अति उपयोगी सिद्ध हुए हैं और होते हैं।

मंत्र विद्या की सत्यता और उपयोगिता अब विदेशी विद्वान भी अच्छी तरह समझने लगे हैं। उन्होंने इस विषय पर भी अनेक ग्रंथों का सृजन किया है। यहां पर यह कहना भी अनुचित नहीं

होगा कि मंत्र विद्या के बहुत अंग प्रत्यक्ष है और उनकी उपासना के लिए अनेक प्रकार की पद्धतियां हैं। उनका पार पाना सहज नहीं है। एक व्यक्ति विद्वान होकर इसका जीवन भर अभ्यास करे तो भी मंत्र विद्या का किंचित मात्र रहस्य पा सकता है और इसके विधि-विधानों से परिचित होता है। खेती बराबर जोती गई हो तो उसमें अनाज अधिक प्रमाण में उपजता है। वस्त्र निर्माण हो तो उस पर रंग बहुत अच्छा चढ़ता है। इसी प्रकार शंका-कुशंकाओं से रहित मन अपेक्षित विषय को भली भांति ग्रहण कर सकता है और उससे अभिलषित धारणा को शीघ्र प्राप्त करने में सफल हो सकता है। तात्पर्य यह है कि मंत्र विद्या के लिए प्रथम साधक का मन शंका-कुशंकाओं से रहित होना परमावश्यक है। इस दृष्टि को लक्ष्य में रखकर ही मंत्रशक्ति जागरण की रचना की गई।

प्रत्येक वस्तु का दुरुपयोग सदुपयोग व्यक्ति की भावना पर निर्भर है। चाकू से कलम भी बनाई जा सकती है और किसी की हत्या भी की जा सकती है। शस्त्र से रक्षा भी की जा सकती है और आत्महत्या भी की जा सकती है। इसलिए इन्हें अनावश्यक कहकर त्याग देना अपना अहित ही करना है क्योंकि इनके बिना हमारा सुरक्षित रहना असंभव है। यही बात विज्ञान की भी है इसके सदुपयोग से मानव अनेक उपलब्धियां प्राप्त कर रहा है, दुरुपयोग से सर्वनाश भी कर सकता है। मंत्रशक्ति जागरण की भी यही बात है। सज्जन, परोपकारी व्यक्ति इसके सदुपयोग से स्व पर कल्याण भी कर सकता है और मोक्ष भी प्राप्त कर सकता है तथा द्वेषी, अधार्मिक एवं दुराचारी इनका दुरुपयोग कर स्व पर विनाश भी कर सकता है। धर्म ने जहां विश्व का कल्याण किया है। वहां स्वार्थियों ने इसकी आड़ में खून की नदियां भी बहाई हैं।

इस पुस्तक में णमोकार मंत्र की विशद् विवेचना की गई है। मंत्र की निष्काम साधना से लौकिक और पारलौकिक सभी प्रकार के कार्य सिद्ध हो जाते हैं। पर इस संबंध में एक बात आवश्यक यह है कि जाप करने वाले साधक का चरित्र, जाप करने की विधि, जाप करने के स्थान की भिन्नता से फल में भिन्नता हो जाती है। यद्यपि इस मंत्र का यथार्थ लक्ष्य निर्वाण प्राप्ति है तो भी लौकिक दृष्टि से यह समस्त कामनाओं को पूर्ण करता है। अत: प्रत्येक व्यक्ति को प्रतिदिन णमोकार मंत्र का जाप करना चाहिए। कहा भी है कि उपसर्ग, पीड़ा, क्रूर ग्रह दर्शन, भय, शंका आदि यदि न भी हो तो भी शुभ ध्यानपूर्वक णमोकार मंत्र का जाप या पाठ करने से परम शांति प्राप्त होती है। यही सभी प्रकार के सुखों को देने वाला है।

इस पुस्तक में श्री योगभूषणजी महाराज ने मंत्र साधना की प्रायोगिक प्रक्रिया तो प्रस्तुत की है साथ ही उसके चमत्कारी आयामों की झलक भी मिलती हैं। योगभूषणजी का यह लेखन एवं प्रस्तुति उद्देश्यपरक है। पुस्तक जनोपयोगी, रोचक एवं पठनीय है। इस पुस्तक के लेखन के माध्यम से उन्होंने एक उपयोगी कार्य किया है। वे स्वयं मंत्रविज्ञ एवं मंत्रसाधक तो हैं ही, साथ ही उनके जीवन का गुंफन अनेक तत्वों से हुआ है। वे ज्ञानी हैं, साधक हैं, योगी हैं और सिद्धपुरुष हैं। कुछ व्यक्ति प्रतिदिन मंत्र की साधना करते हैं, सिद्धितत्व तक पहुंचने का प्रयास करते हैं। कुछ व्यक्ति जन्म से सिद्धि लेकर आते हैं और सिद्धपुरुष बन जाते हैं। श्री योगभूषण जी महाराज का अवतार दूसरी श्रेणी का हैं। उनमें सहिष्णुता, विनम्रता, कृतज्ञता, परोपकारिता आदि सर्वोत्तम गुण सहज विकसित हैं। उनमें

मंत्रशक्ति की विलक्षण शक्ति है। उनके नेतृत्व में इससे लाभान्वित होने वाले हजारों व्यक्ति हैं। मंत्र साधना के सूत्रों का संकलन कर उन्होंने एक महत्वपूर्ण संबल दिया है। इस पुस्तक से जन-जन में मंत्रों के प्रति आस्था, आध्यात्मिक पथदर्शन और सम्पोषण प्राप्त हो सकेगा। यह पुस्तक जन-जन के लिए कल्याणकारी और उपयोगी होगी।

–ललित गर्ग
संपादक : समृद्ध सुखी परिवार
ई-253, सरस्तीकुंज अपार्टमेंट
25, आई. पी. एक्सटेंशन, पटपड़गंज
दिल्ली-110092
मो. 9811051133

# प्रकाशकीय

**सर्वे भवन्तु सुखिनः, सर्वे सन्तु निरामयाः**
**सर्वे भद्राणि पश्यन्तु, मा कश्चिद् दुःख भाग्भवेत्**

सभी जीव सुखी हों, सभी जीव आरोग्यता को प्राप्त करें, सभी जीवों का कल्याण हो और कोई भी जीव कभी भी किंचित मात्र भी दुःख को प्राप्त न करे ऐसी सर्वोदयी भावना से प्रेरित होकर परम श्रद्धेय, मंत्र महर्षि, धर्मयोगी गुरुदेव श्री योगभूषण जी महाराज ने विश्व की सबसे प्राचीन, रहस्यमयी, चमत्कारिक, गूढ विद्या, मंत्र शक्ति की साधना और विज्ञान पर सरल भाषा में पुस्तक का सृजन कर निश्चित रूप से हम सभी पर परमोपकार किया है।

ऐसी बोधगम्य प्रायोगिक पुस्तक की बहुत लंबे समय से प्रतीक्षा भी की जा रही थी, जो हमें दुःख और पापादेय के समय शांति, शक्ति, संबल और साहस प्रदान कर सके और हमें सम्यक पुरुषार्थ करने के लिए प्रेरित कर सके।

मंत्र शक्ति साधना एक ऐसा ही उपक्रम है जो हमें आपत्ति, विपत्ति और संकट के समय शांति, शक्ति, साहस, संबल और दृढ़ता प्रदान कर शीघ्र ही दुःख और संकट का विमोचन करता है। पौराणिक ग्रंथों में ऐसे अनेकों उदाहरण मौजूद हैं जो मंत्र शक्ति के दिव्य चमत्कारों का उल्लेख करते हैं।

यद्यपि इस विषय पर अनेकों पुस्तक पूर्व में प्रकाशित हुई हैं, परंतु उनमें रहस्यमयी भाषा की गूढ़ता और क्लिष्टता होने के कारण वे सर्वोपयोगी नहीं बन पायी।

**धर्मयोगी गुरुदेव श्री योगभूषण महाराज ने ''गुरुकृपा'' से मंत्र शक्ति और साधना पर दक्षता प्राप्त कर ''मंत्र महर्षि'' के श्रेष्ठ अलंकरण को अंगीकार किया है, उन्होंने इस गूढ़, रहस्यमयी विद्या पर अनेकों प्रयोग किये हैं और अपने प्रयोगों, अनुभवों, अन्वेषणों और पारंपरिक मंत्र शक्ति विज्ञान को सरल, सहज साध्य बनाकर इस पुस्तक में संजोया है।**

वस्तुतः मंत्र शक्ति का विषय अत्यंत बृहद, गूढ एवं रहस्यमयी है, परंतु उसके प्रायोगिक एवं लाभप्रद लघु मंत्रों को ही यहां समुचित स्थान प्रदान किया है।

यह पुस्तक के रूप में एक पूर्ण ग्रंथ ही है, जो मंत्र शक्ति के विषय में सामान्य और विशेष दोनों प्रकार की जानकारी प्रदान करता है।

ऐसे महत्वपूर्ण, गूढ, रहस्यमयी, सर्वोपयोगी, कल्याणकारी ''मंत्र शक्ति जागरण'' ग्रंथ को आपके हाथों तक पहुँचाने में हम स्वयं को धन्यभागी समझ रहे हैं।

हमारा यह प्रयास आपके जीवन में सुख-शांति और समृद्धि लाये, इसके लिए ''गुरु सन्निधि'' में बैठकर ''गुरु मंत्र'' स्वीकार करें और विधि पूर्वक साधना को संपन्न करें।

पूर्ण आस्था और दृढ़ भावना के साथ की गयी साधनाा निश्चित रूप से फलदायी और चमत्कारी होती है।

यह ग्रंथ आपके कल्याण का सेतु बने, ऐसी शुभेच्छा के साथ...।

**धर्मयोग फाउण्डेशन ( रजि. ), दिल्ली**

2 अप्रैल 2018

# अपनी बात

संसार की प्रत्येक धार्मिक मान्यता का अपना कोई विशिष्ट मंत्र होता है, जो कि अद्भुत महिमा से युक्त सकारात्मक ध्वनि और शब्दों का श्रेष्ठ समूह ही होता है! सकारात्मक ध्वनियाँ शरीर के तंत्र पर सकारात्मक प्रभाव छोड़ती हैं; जबकि नकारात्मक ध्वनियाँ शरीर की ऊर्जा तक को समाप्त कर देती हैं।

मंत्र और कुछ नहीं बल्कि सकारात्मक ध्वनियों का श्रेष्ठ समूह है, जो विभिन्न अक्षरों के संयोग से पैदा होती हैं। दुनियाँ के सभी धर्मों में मंत्रों के महत्व को स्वीकार किया गया है।

हिन्दू सम्प्रदाय में गायत्री मंत्र और जैन सम्प्रदाय में णमोकार मंत्र को महामंत्र की श्रेष्ठ संज्ञा भी उनके चमत्कार के कारण ही दी गयी है! मुस्लिम संप्रदाय में कुरान की आयतों को मंत्रो के रूप में भी स्वास्थ्य लाभ के लिए प्रयोग किया जाता है उसी तरह ईसाई

समाज भी बाईबिल के सूत्र वाक्यों का प्रयोग करते हैं। वेदों के सूत्र वाक्य भी मंत्र की ही तरह उपयोग किये जाते हैं।

मंत्रों का हमारे शरीर और मस्तिष्क पर दो कारणों से गहरा प्रभाव पड़ता है। पहला यह कि ध्वनि की तरंगें समूचे शरीर को प्रभावित करती हैं।

दूसरा यह कि लगातार हो रहे शब्दोच्चार के साथ भावनात्मक ऊर्जा का समग्र प्रभाव हम तक पहुँचता है। मंत्रों से हमारे शरीर के स्वस्थ रहने से सीधा संबंध है।

मंत्रों से निकली ध्वनि शरीर के उन कोशिकाओं के संवेगों को ठीक करने में सक्षम है जो किसी कारण अपनी स्वाभाविक गति या लय खो बैठते हैं; क्योंकि कोशिकाओं के अपनी गति से हट जाने से ही हम बीमार होते हैं।

मंत्रों की ध्वनि से हमारे स्थूल और सूक्ष्म शरीर दोनों सकारात्मक रूप से प्रभावित होते हैं। हमारे शरीर को घेरने वाला रक्षा कवच या 'औरा' पर भी इसका ऐसा ही प्रभाव पड़ता है।

हम जैसे ही कोई शब्द सुनते हैं, उसके प्रति भावनात्मक रूप से प्रतिक्रिया करते हैं। ऐसा इसलिए होता है क्योंकि हम उस शब्द से मानवीय समाज पर पड़ने वाले प्रभाव से परिचित हैं।

**मंत्रों से हमें आध्यात्मिक शक्ति ही नहीं मिलती बल्कि वह बौद्धिक विकास, सामाजिक मर्यादा, कल्याणकारी कार्यों, शक्ति संग्रह तथा सेहत और सौन्दर्य निर्माण में भी अहम् भूमिका निभाते हैं! मंत्र में एक साथ शब्द, भावना, अर्थ और ध्वनि उच्चारण का संयुक्त संचालन होता है!**

जब मनुष्य को अपनी शारीरिक एवं मानसिक शक्तियों द्वारा किसी कार्य की सिद्धि में सफलता नहीं मिलती तो वह अलौकिक शक्तियों का सहारा ढूंढता है। इन अलौकिक शक्तियों को प्रसन्न करके अपना कार्य सिद्ध करना चाहता है। ऐसी शक्तियों को मंत्र एवं स्तोत्रों द्वारा प्रसन्न किया जाता है। किसी भी इष्टदेव की सिद्धि के लिए मंत्र शक्ति को प्रमुख स्थान दिया गया है। यथा साध्य छोटे मंत्रों को चुना गया है और उन्हें प्रभावकारी बनाने की सरल विधि की खोज की गई है। दृढ़ आस्था और विश्वास के साथ संबंधित रोग के मंत्र को सिद्ध कर प्रयोग करेंगे तो सफलता अवश्य मिलती है!

मेरे पूज्य गुरुदेव दिगम्बर जैनाचार्य श्री विद्याभूषण सन्मति सागर जी महाराज एक अद्भुत मंत्र विज्ञाता के साथ-साथ श्रेष्ठ साधक भी थे! उन्हें बाल्यकाल से ही मंत्र साधना में गहन रुचि थी, जिसके परिणाम स्वरूप ही युवावस्था में शमशान, निर्जन वन, नदी किनारे, पर्वत शिखरों पर उन्होंने अनेकों सिद्धि प्रदायी मंत्र साधनाएं सम्पन्न की!

ऐसे सिद्धि सम्राट, पूज्य गुरुदेव श्री की छत्र छाया में ही मुझे ''मंत्र महर्षि'' बनने का गौरव प्राप्त हुआ! उनके सामीप्य ने ही मुझे इस योग्य बनाया कि मैं मंत्र शक्ति और मंत्र विज्ञान के बारे में कुछ कह सकूँ और पाप कर्मोदय से पीड़ित जीवों का कुछ हित कर सकूँ! यह पुस्तक ''गुरुकृपा'' का ही प्रसाद है, जो आपके जीवन के दु:खों को दूर करने में समर्थ है!

इसमें जो भी भूल हो, वो मेरी अल्पज्ञता के कारण ही होगी और जो भी श्रेष्ठता है, वह सब गुरुकृपा का ही फल है!

यह पुस्तक मंत्र साधना, शक्ति, सिद्धि और पराविज्ञान के संदर्भ में आपको बहुत कुछ बताएगी, परंतु इसे अपने जीवन में प्रयोग करने से पूर्व गुरु कृपा अवश्य प्राप्त करें, क्योंकि गुरुकृपा से मंत्र की शक्ति दोगुनी हो जाती है और साधना का श्रम भी कम हो जाता है!

मेरा यह प्रयास शांति पथ पर आपका मार्गदर्शन करे और जन-जन के कल्याण में सहयोगी बने, इसी शुभभावना के साथ...

**योगभूषण महाराज**

## मंत्र-शक्ति

यह समूचा ब्रह्मांड (लोक) ध्वनि प्रकम्पनों से भरा हुआ है। अक्षरात्मक और अनक्षरात्मक ध्वनि की तरंगों से व्याप्त है। भाषा अथवा ध्वनि के पुद्गल क्षण-प्रतिक्षण निकलते रहते हैं और वातावरण को उद्वेलित करते रहते हैं।

जो हम बोलते हैं, वह शब्द ध्वन्यात्मक होते हैं; किन्तु जो हम सोचते हैं चिन्तन-मनन करते हैं, वह विचार भी शब्दात्मक होते हैं। मन का चिन्तन-भूतकाल की स्मृति, भविष्य की योजना और वर्तमान के विचार, सभी शब्द-रूप हैं, इनसे भी शब्द उत्पन्न होता है; किन्तु वह कानों से सुनाई नहीं देता।

एक साधक मौन है, उसके होठ भी नहीं हिल रहे हैं, ध्वनि-उत्पादक कण्ठ के यंत्रों से ध्वनि भी नहीं निकल रही है, पूर्णतया सहज और शान्त है; फिर भी उसके भाषा वर्गणा के पुद्गल विचार तरंगों के माध्यम से वातावरण में प्रसारित हो रहे हैं, यह एक तथ्य है।

ध्वनि अथवा शब्दों के कर्णगोचर होने की स्थिति तो तब आती है जब हम कण्ठ के स्वर यंत्रों का प्रयोग करते हैं।

आधुनिक विज्ञान की भाषा में हमारे कान केवल 32,740 प्रति सैकिण्ड की गति के कम्पनों को ही ग्रहण कर सकते हैं, यानि जब किसी वस्तु में इतने कंपन हों तब हम ध्वनि को सुन सकते हैं तथा 40,000 कम्पन (अथवा इससे अधिक हों तो वह ध्वनि हमारी श्रवण शक्ति की सीमा से बाहर हो जाती है, हम उसे सुन नहीं सकते, वह हमारे लिए ultrasonic अथवा Supersonic हो जाती है।

सामान्य वार्तालाप में हमारे शरीर में स्थित स्नायु लगभग 130 बार प्रति सैकिण्ड की गति से झनझनाते हैं। हमारे साधारण वार्तालाप के शब्दों की ध्वनि तरंगें 10 फीट दूर तक जाती हैं और चिन्तन करते समय शरीर से लगभग 2 इंच दूर तक। यद्यपि इन तरंगों की लम्बाई (Wave Length) कम है, किन्तु ये शक्तिशाली अधिक होती हैं। इन पर आंधी, वर्षा, तूफान आदि शक्तियों का कोई प्रभाव नहीं होता और हजारों-लाखों मील तक निर्बाध रूप से चली जाती हैं। इसीलिए अध्यात्मशास्त्रों में शब्दों की अपेक्षा विचारों को अधिक प्रभावशाली माना गया है। यही कारण है कि इंग्लैंड, अमेरिका आदि दूरस्थ देशों से रेडियो पर समाचार Short Wave पर ही प्रसारित किये जाते हैं।

**शब्द का उच्चारण छह प्रकार से किया जाता है—(1) ह्रस्व (2) दीर्घ (3) प्लुत (4) सूक्ष्म (5) सूक्ष्मतर (6) सूक्ष्मतम।**

**'मंत्र' स्वर-विज्ञान, शब्द विज्ञान तथा ध्वनि-विज्ञान की दृष्टि से प्लुत उच्चारण (तेज स्वर) में बोला जाने वाला शब्द है। इसे मंत्र-शास्त्र में संजल्प कहा गया है। ह्रस्व दीर्घ स्वर जल्प है। तीसरी स्थिति आती है सूक्ष्म, सूक्ष्मतर और सूक्ष्मतम शब्द की। इसे अन्तर्जल्प कहा गया है।**

सूक्ष्म शब्द की स्थिति में ध्वनि इतनी सूक्ष्म होती है कि मनुष्य यदि स्वर-प्रेक्षा (स्वर पर ध्यान केन्द्रित करे) तो उसे ही अपने स्वर यन्त्रों की ध्वनि सुनाई देती है, दूसरा उस ध्वनि को नहीं सुन पाता।

सूक्ष्मतर स्थिति में क्षीण ध्वनि गुञ्जारव (भ्रमर गुञ्जन) के समान

साधक को सुनाई देती है। इसी को हठयोग में अनाहत नाद (अनहद ध्वनि) और जप योग में भ्रामरी जप की स्थिति कहा गया है।

सूक्ष्मतम शब्दों की ध्वनि साधक को स्वयं भी नहीं सुनाई देती। यह मन (मस्तिष्क) में होती रहती है। श्वासोच्छ्वास से भी इसका सम्बन्ध नहीं रहता। यह मन के शब्दात्मक चिन्तन-मनन के रूप में होती है। यही स्थिति मंत्रशास्त्र की दृष्टि से मंत्र के शब्द और अर्थ का एकाकार हो जाना है। इस दशा में साधक को वचनसिद्धि हो जाती है, उसे शाप और अनुग्रह की शक्ति प्राप्त हो जाती है, उसके मुख से जो भी निकल जाता है, वह सत्य होकर रहता है। यह सूक्ष्मतम शब्द की प्रथम स्थिति होती है।

प्रथम स्थिति के उपरान्त क्रमशः सूक्ष्मतम शब्द की अन्तिम स्थिति आती है। इस स्थिति में शब्द ज्ञानात्मक (Cognitive) हो जाता है। साधक मंत्र के गूढ़तम रहस्य तक पहुँच जाता है, यह रहस्य में उसका स्वरूप-तादात्म्य स्थापित हो जाता है तथा मंत्र का साक्षात्मकार हो जाता है। मंत्र का साक्षात्कार होते ही शब्द की शक्ति द्वारा साधक का तैजस् शरीर अत्यन्त बलशाली हो जाता है। यहीं शब्द की शक्ति का पूर्ण रूप से प्रस्फुटन होता है। योगशास्त्रों में जो बताया गया है कि संसार में व्याप्त शक्ति (energy) का तृतीय अंश शब्द शक्ति है, वह यही स्थिति है। इस शक्ति से सम्पन्न साधक क्षण मात्र में असम्भव कार्य कर सकता है। वस्तुतः इस स्थिति में पहुँचे हुए साधक को कुछ भी करना नहीं पड़ता, करने की जरूरत भी नहीं रहती। मन में विचार आया, क्रिया का संकल्प जगा कि कार्य सिद्ध। करुणा जागी कि अमुक व्यक्ति का रोग दूर हो जाए; अमुक क्षेत्र में अकाल है, सुकाल हो जाए; और वह व्यक्ति रोग-मुक्त हो गया, उस क्षेत्र में सुकाल हो गया। उसके चिन्तन की तरंगों से व्याप्त वायु जितनी दूर तक संचरण करती है, उतने क्षेत्र के सभी प्राणी सुखी हो जाते हैं, सुख का अनुभव करने लगते हैं।

सूक्ष्मतम शब्द की इस तीसरी अवस्था को कुछ लोग ज्ञानात्मक भी कहते हैं; उसे ज्ञानावरण का विलय मानते हैं; किन्तु ज्ञानावरण का विलय

तब होता है, जब पहले कषायावरण का क्षय हो जाता है। मोह-कषायावरण का विलय एवं क्षय प्रथम होता है और ज्ञानावरण का विलय उसके बाद! शब्द की इस सूक्ष्मतम स्थिति में तो योगी को भाषा-शक्ति का, वचनयोग की पुद्गल वर्गणाओं के साथ तादात्म्य हो जाता है और शब्द-शक्ति अपने विकास की उच्चतम स्थिति तक पहुँच जाती है। साधक की भाषा वर्गणाएँ ऊर्जस्वी तेजस्वी बन जाती है।

भाषा की ये वर्गणाएँ पौद्गलिक हैं, अत: इनमें रूप (रंग) भी है, रस भी हैं, स्पर्श भी है, गन्ध भी है और इनका निश्चित आकार भी है। इनके ये तत्त्व मंत्रशास्त्र में बहुत महत्त्वपूर्ण हैं। मंत्र की साधना इन तत्त्वों के आधार पर की जाती है। मंत्र की सिद्धि और साक्षात्कार में ये बहुत उपयोगी हैं, अत: इनको समझने से मंत्र-सिद्धि का रहस्य सहज ही समझ में आ सकता है।

## मंत्र और महामंत्र

मंत्र शास्त्रों में बताया है कि वर्णमाला के जितने भी अक्षर हैं, वे सभी मंत्र हैं—*अमंत्रमक्षरं नास्ति*। हिन्दी की वर्णमाला में 'अ' से 'ह' तक 64 अक्षर हैं। इन अक्षरों से अनेक प्रकार के असंख्य मंत्रों की रचना होती है। उनमें वशीकरण के मंत्र भी होते हैं, मारण-उच्चाटन आदि के भी मंत्र होते हैं। यों मंत्रशास्त्र में प्रमुख रूप से आठ प्रकार के मंत्र बताये गये हैं; किन्तु इनके उत्तर भेद अनगिनत हैं।

वस्तुत: 'मंत्र' अक्षरों का संयोग या पिण्ड है। अक्षरों में कुछ शोधन बीज होते हैं, कुछ बीजाक्षर होते हैं, और कुछ अक्षर विभिन्न तत्त्वों से सम्बन्धित होते हैं। इनमें अभिधा, लक्षणा, व्यंजना शक्ति भी होती है। कुछ अक्षर संयुक्त और मिश्रित भी होते हैं। मंत्र रचना में इन सबका समायोजन और अक्षरों का संयोजन इस प्रकार किया जाता है कि जिस अभिप्राय से मंत्र-रचना हुई है, उसका जप करने वाले साधक का वह अभिप्राय पूरा हो जाए।

सामान्यतः मंत्र एक प्रतिरोधात्मक शक्ति है, कवच है, चिकित्सा है। यह चिकित्सा है—शारीरिक और मानसिक विकृतियों की। शरीर और मन में जो विकार उत्पन्न होते हैं, वे उन मंत्रों द्वारा उपशमित हो जाते हैं, उन विकारों का रेचन हो जाता है, वे समाप्त हो जाते हैं।

कवच के रूप में मंत्र बहुत प्रभावी कार्य करता है। पृथ्वी के वायुमंडल में, चारों ओर के वातावरण में जो दुर्भावों की, तीव्र ध्वनि की तथा विकार-वर्द्धक विचारों, संगीत आदि की तरंगें बह रही हैं, व्याप्त हो रही हैं, वे मंत्र जप द्वारा निर्मित भाव कवच के कारण साधक के शरीर और मन में प्रविष्ट नहीं हो पाती, फलतः साधक का मन-मस्तिष्क और शरीर उन विरोधी और विकारी तरंगों से प्रभावित नहीं होते। इसी प्रकार जो रोग के कीटाणु वायु आदि के माध्यम से सामान्य व्यक्ति के शरीर में होकर रक्त में प्रवेश कर जाते हैं, मंत्र-कवच के कारण प्रवेश नहीं कर पाते।

मंत्र-जप से साधक के रक्त, स्नायुमंडल, नाड़ी-मंडल, क्रियावाही तंत्रिका संस्थान में एक ऐसी प्रतिरोधात्मक शक्ति (विद्युत) उत्पन्न हो जाती है कि वह प्रतिक्रिया करने वाले, विभिन्न विकार और रोगों के जीवाणुओं (Bacteria) की शक्ति को शून्यप्राय या समाप्त कर देती है।

जपयोगी (मंत्र जाप करने वाला साधक) की मानसिक और शारीरिक स्वस्थता का यही रहस्य है।

इसके साथ ही मंत्र जप से साधक का तैजस शरीर बलशाली बन जाता है। जिस भावना को हृदय में रखकर साधक मंत्र का जाप करता है, उसके अनुरूप तथा मंत्राक्षरों के वर्ण, तत्त्व, गंध, संस्थान (आकार) आदि के प्रभाव से साधक को अपने लक्ष्य की प्राप्ति सुलभ होती है।

जिस प्रकार प्रति सैकिण्ड लाखों प्रकम्पन होने पर ध्वनि तरंगें विद्युत में परिवर्तित हो जाती हैं तथा व्यक्ति के भावों के अनुकूल प्रवाहित होने लगती हैं, उसी प्रकार हजारों लाखों बार मंत्र की जप करने पर ही

मंत्र इच्छित फल प्रदान करने में सक्षम होता है अथवा साधक की मनोवांछा पूरी होती है।

यह सामान्य मंत्र और उससे इच्छित फल प्राप्ति की प्रक्रिया एवं साधना विधि है।

लेकिन कुछ मंत्र इन सामान्य मंत्रों से काफी ऊँचे होते हैं, उनकी शक्ति भी अत्यधिक होती है और प्रभाव भी अचिन्त्य होता है। उनके बीजाक्षरों, शोधन बीजों आदि की संयोजना कुछ ऐसी होती है कि देखने और सामान्य रूप से पढ़ने में तो वे मंत्र साधारण से लगते हैं, किन्तु उनमें अत्यन्त गूढ़-गम्भीर रहस्य भरे होते हैं। उन मंत्रों के विधिपूर्वक जप और साधना से साधक को ऐसी महान् शक्ति और ऊर्जा की प्राप्ति होती है कि साधक स्वयं ही चकित रह जाता है।

**प्रत्येक धर्म सम्प्रदाय और परम्परा में अपने-अपने विश्वास के अनुसार कुछ महामंत्र होते हैं। वैदिक परम्परा का महामंत्र 'गायत्री' है और मुस्लिम परम्परा अपने मान्य महामंत्र को 'कलमा' कहती है। इसी प्रकार अन्य सभी परम्पराओं के अपने माने हुए महामंत्र अलग-अलग है।**

जैन परम्परा द्वारा मान्य महामंत्र णमोकार है।

लेकिन कोई मंत्र महामंत्र है अथवा नहीं, इसकी मंत्रशास्त्रसम्मत कसौटियाँ हैं, निष्पत्तियाँ हैं, लक्षण हैं, प्रभाव हैं, शब्द और अक्षर संयोजना है। इन सब कसौटियों पर कसने पर णमोकार मंत्र खरा उतरता है, इसीलिए वह महामंत्र माना गया है।

### मंत्र का महामंत्रत्व

महामंत्र वह है, जिसकी साधना से-

(1) साधक के विकल्प शान्त हों।

(2) उसकी मानसिक, आन्तरिक एवं बाह्य शक्तियों का जागरण हो।

(3) आत्मा का साक्षात्कार हो।

(4) आत्मिक एवं मानसिक ऊर्जा में वृद्धि हो।

(5) साधक की दृष्टि बाह्याभिमुखी से अन्तर्मुखी हो।

(6) कषायों-आवेगों-संवेगों की तीव्रता में कमी हो, कषाय क्षीण हो।

(7) वीतरागता तथा समताभाव का विकास हो।

(8) मानव-शरीर के शक्ति केन्द्रों, चैतन्य केन्द्रों-चक्रों में प्राण-शक्ति की सघनता होती है, वहीं से वीर्य-शक्ति प्रस्फुटित होती है। महामंत्र वीर्यवान मंत्र होता है। अत: वीर्य-शक्ति प्रस्फुटित हो जाती है।

(9) साधक की संकल्पशक्ति दृढ़ हो।

(10) बाह्य पदार्थों के प्रति साधक की मूर्च्छा टूटे।

(11) अध्यात्म-दोषों-राग-द्वेष तथा आवरण, विकार और अन्तराय का नाश होता है। साथ ही मानसिक एवं शारीरिक रोग भी उपशांत होकर साधक शारीरिक और मानसिक रूप से भी स्वस्थ रहता है।

इन कसौटियों के अतिरिक्त महामंत्र की साधना के अन्य विशिष्ट फल की उपलब्धियाँ भी होती हैं-

(1) साधक की इच्छाओं की तृप्ति नहीं, अपितु उनका विसर्जन व समापन होता है।

(2) सुख-दु:ख की पूर्वकालीन मान्यताएँ परिवर्तित हो जाती हैं अर्थात् सुख-दु:ख के बारे में उसका दृष्टिकोण सकारात्मक बनता है।

(3) साधक की अधोमुखी (संसाराभिमुखी) वृत्तियाँ ऊर्ध्वमुखी (आत्माभिमुखी) बनती हैं।

(4) श्रेष्ठ मार्ग (मोक्ष-मार्ग-आत्म-मुक्ति एवं आत्म-सुख) की उपलब्धि होती है। साथ ही साधक के अन्तर्मन में उस मार्ग पर आगे बढ़ने की दृढ़ इच्छा जागृत होती है।

(5) साधक की आत्म-शक्ति (चैतन्य शक्ति), आनन्द और वीर्य शक्ति का समन्वय एवं एक साथ (simultaneous) विकास होता है।

महामंत्र की साधना द्वारा ये सब उपलब्धियाँ साधक को प्राप्त होती हैं अत: णमोकार मंत्र निश्चित ही महामंत्र है।

## महामंत्र का साक्षात्कार एवं सिद्धि

साधारण मानव ही नहीं, साधकों के मन में भी यह जिज्ञासा रहती है कि मंत्र का साक्षात्कार कब होगा, सिद्धि कब प्राप्त होगी, कब मंत्र सिद्ध होगा, जो फल णमोकार मंत्र के जप के बताये गये हैं, मंत्र-शास्त्रों में कहे गये हैं, वे कब मिलेंगे?

आमतौर से लोग कहते हैं–इतने वर्षों तक माला फेरी, मंत्र का जप किया; किन्तु नतीजा शून्य ही रहा। न मंत्र का साक्षात्कार हुआ, न कोई चमत्कार ही हुआ और न मानसिक शान्ति ही मिली। किसी भी समस्या का निदान न हुआ। इतना समय और श्रम व्यर्थ ही चला गया, और उनकी श्रद्धा डगमगा जाती है, हृदय चंचल हो उठता है, मन शंकाशील बन जाता है।

अत: साधक को यह जानना आवश्यक है कि मंत्र के साक्षात्कार का अर्थ क्या है और मंत्रसिद्धि क्या है? साधक में कौन-कौन से लक्षण उत्पन्न हो जाते हैं, जिनसे उसे मंत्रसिद्धि का विश्वास हो सके।

**मंत्र साक्षात्कार**–मंत्र-जप के कई सोपान (STEP) पार करने के बाद होता है। प्रथम सोपान में ध्याता अथवा साधक और मंत्र के शब्दों का भेद सम्बन्ध होता है, यानी साधक अपने को साधना करने वाला मानता है और मंत्र के पदों को ध्येय; अर्थात् इस सोपान में मंत्र-पद और साधक के मध्य भिन्नता की स्थिति रहती है।

इसके उपरान्त साधक दूसरे सोपान पर चढ़ता है। वहाँ उसकी अन्तश्चेतना का मंत्र के अक्षरों–पदों के साथ तादात्म्य (एकत्व–सम्बन्ध) स्थापित हो जाता है और अभेद दशा की प्राप्ति हो जाती है।

तीसरे सोपान में स्थूल शब्दों (जल्प) का जप भी नहीं होता, तब सविकल्प अवस्था प्राप्त हो जाती है।

चौथे सोपान में मंत्र के अर्थ और गूढ़ रहस्य का साक्षात्कार हो जाता है।

यहाँ यह ध्यान रखना चाहिए कि तात्त्विक दृष्टि से महामंत्र निर्विकल्पात्मक होता है। अतः मन की निर्विकल्प स्थिति पर पहुँचने पर ही महामंत्र का साक्षात्कार होता है।

**मंत्रसिद्धि के लक्षण जो साधक में प्रगट होते हैं वे आध्यात्मिक, मानसिक और शारीरिक रूप से तीन प्रकार के हैं-**

**आध्यात्मिक लक्षण**—(1) ध्येय के प्रति तीव्र निष्ठा उत्पन्न होने पर साधक के संकल्प–विकल्प शान्त हो जाते हैं।

(2) उसके अहं भाव का विसर्जन हो जाता है 'अर्हं' अथवा 'अर्हंत्' भाव विकसित होने लगता है।

(3) कषायों की अल्पता तथा तरतम क्षीणता होने से ममत्वभाव का शमन होता है और उसके स्थान पर समत्वभाव प्रतिष्ठित होता है।

**मानसिक लक्षण**—(1) साधक की आन्तरिक शक्तियाँ विकसित हो जाती हैं।

(2) साधक के चित्त में सहज आन्तरिक प्रसन्नता एवं प्रफुल्लता व्याप्त हो जाती है। यह प्रफुल्लता चित्त की निर्मलता का परिणाम होती है।

(3) साधक में संतोष भावना सहजरूप में दृढ़ हो जाती है। इच्छित पदार्थों की उपलब्धि न होने पर भी चित्त तनावमुक्त, विक्षेपरहित तथा संतुष्ट रहता है।

वस्तुतः यह संतुष्टि अथवा मानसिक संतोष इच्छाओं के अभाव का परिणाम होता है। मन में संतोष इतना व्याप्त हो जाता है कि साधक की चाहत ही मिट जाती है।

**शारीरिक लक्षण**—(1) ज्योतिदर्शन–साधक को मस्तक और ललाट में मंत्र–जाप के समय ज्योति अथवा प्रकाश दिखाई देने लगता है।

(2) तैज़स शरीर बलशाली होने से आभामंडल विकसित हो जाता है, परिणामस्वरूप साधक का स्थूल शरीर भी तेज़ोमय हो जाता है। शरीर, मस्तक, ललाट पर तेज झलकने लगता है। साथ ही शरीर पुलकित एवं प्रफुल्लित रहता है।

(3) साधक की इच्छा–शक्ति विकसित हो जाती है। यह इच्छा–शक्ति अथवा संकल्प–शक्ति सभी कार्यों में सफलता की कुञ्जी है।

(4) साधक के लिए सारे भौतिक एवं पौद्‌गलिक पदार्थ अनुकूल हो जाते हैं।

इन लक्षणों से साधक स्वयं अनुभव कर सकता है कि उसे मंत्र–सिद्धि हुई अथवा नहीं।

यहाँ यह विशेष रूप से उल्लेखनीय है कि मंत्र–सिद्धि का अभिप्राय किसी चमत्कारी सिद्धि से नहीं है, अपितु मंत्र की सफलता या जो साधना वह कर रहा है उसमें परिपक्वता से है।

**मंत्र की सफलता का मूल सूत्र है कि साधक मंत्र के अक्षरों की साधना करता हुआ, पदों पर पहुँचे और पदों से आगे बढ़कर उन पदों में नियोजित अपनी चैतन्यधारा को स्थूल शरीर की सीमा को पारकर सूक्ष्म अथवा शरीर (प्राण शरीर) में पहुँचा दे, प्राण शरीर को उद्दीप्त कर दे।**

**मंत्र में नियोजित साधक की चैतन्यधारा जब तैजस् शरीर तक पहुँच जाती है, उसे उद्दीप्त कर देती है, तब तैजस् शरीर से शक्तिशाली प्राणधारा बहने लगती है। उस प्राणधारा से संयुक्त होकर मंत्र**

शक्तिशाली बन जाता है। सही शब्दों में, साधक की जो चैतन्यधारा मंत्र के शब्दों में नियोजित होती है, वह शक्तिशाली बन जाती है। परिणामस्वरूप साधक का मन और शरीर शक्तिशाली बन जाते हैं।

यह सारा काम साधक अपनी प्रबल साधना द्वारा सम्पन्न करता है।

## मंत्रशक्ति का रहस्य

मंत्रशक्ति अर्थात् मंत्र की फल-प्रदान शक्ति का रहस्य उसके वर्ण संयोजन (स्वर और व्यंजन दोनों का समन्वित संयोजन) में निहित है। जिस प्रकार धातु और रासायनिक पदार्थों के उचित और विचारपूर्ण संयोजन से विद्युत शक्ति उत्पन्न होती है, उसी प्रकार मंत्र के अक्षरों (वर्ण और स्वरों) के संयोजन तथा साधक की उसमें नियोजित प्राणधारा के उचित और विवेकपूर्ण संयोग से मंत्र के शब्दों में भी विद्युत धारा-मानवीय विद्युत धारा का निर्माण होता है। यह विद्युत धारा जितनी ही अधिक बलवती होगी, मंत्र की फलप्रदान शक्ति उतनी ही अधिक हो जायेगी, और विद्युत धारा का बलवती होना बहुत कुछ मंत्र में प्रयुक्त वर्ण संयोजना पर निर्भर है। वर्ण समूह और साधक की ध्वनि तरंगों के सूक्ष्म मिलन से मंत्र में चमत्कारिक शक्ति उत्पन्न हो जाती है और जब साधक के अन्तःकरण की विचार-शक्ति, भाव-शक्ति, प्राण-शक्ति, मनःशक्ति और संयम-शक्ति मंत्र में घुलमिल जाती है तो मंत्र के वर्ण अनुप्राणित (सजीव) हो जाते हैं तथा मंत्र साधक को अभीप्सित फल की प्राप्ति होने लगती है। इन क्षणों में साधक का सूक्ष्म शरीर सब कुछ अनुभव करता है, साथ ही स्थूल शरीर में भी उस अनुभव का प्रभाव दृष्टिगोचर होने लगता है।

मंत्र शक्ति का यह रहस्य मंत्रशास्त्रों में तो वर्णित है ही; किन्तु आज का विज्ञान भी मंत्र-शक्ति के इस आधारभूत रहस्य से परिचित हो रहा है तथा अनेक वैज्ञानिकों ने इसे स्वीकार भी कर लिया है।

# मंत्र की शक्ति और उसके प्रयोग का महाविज्ञान

मंत्र विद्या में अक्षर शक्ति, मानसिक एकाग्रता, चारित्रिक श्रेष्ठता, एवं अभीष्ट लक्ष्य प्राप्ति के लिए अखण्ड श्रद्धाभाव का समावेश होता है।

मंत्र शक्ति से कितने ही प्रकार के चमत्कार एवं वरदान उपलब्ध हो सकते हैं यह सत्य है, पर उसके साथ ही यह तथ्य भी जुड़ा हुआ है कि वह मंत्र उपरोक्त चार परीक्षाओं की अग्नि में उत्तीर्ण हुआ होना चाहिए। प्रयोग करने से पूर्व उसे सिद्ध करना पड़ता है और सिद्धि के लिए साधना आवश्यक है। इस साधना के चार चरण हैं इन्हीं का उल्लेख यहाँ किया गया है।

मंत्र साधक को यम-नियमों का अनुशासन पालन करते हुए चारित्रिक श्रेष्ठता का अभिवर्धन करना चाहिए। कुकर्मी, दुष्ट-दुराचारी व्यक्ति किसी भी मंत्र को सिद्ध नहीं कर सकते। तान्त्रिक शक्तियाँ भी ब्रह्मचर्य आदि की अपेक्षा करती हैं। फिर देव शक्तियों

**का अवतरण जिस भूमि पर होना है उसे विचारणा, भावना और क्रिया की दृष्टि से सतोगुणी पवित्रता से युक्त होना ही चाहिए।**

इन्द्रियों का चटोरापन मन की चंचलता का प्रधान कारण है। तृष्णाओं में, वासनाओं में और अहंकार तृप्ति की महत्वाकांक्षाओं में भटकने वाला मन मृग-तृष्णा एवं कस्तूरी गन्ध में यहाँ-वहाँ व्यर्थ दौड़ लगाते रहने वाले हिरन की तरह है। मन की एकाग्रता अध्यात्म क्षेत्र में सबसे महत्वपूर्ण शक्ति है, उसके संपादन के लिए अमुक साधनों का विधान तो है, पर उनकी सफलता मन को चंचल बनाने वाली दुष्प्रवृत्तियों का अवरोध करने के साथ जुड़ी हुई है। जिसने मन को संयत समाहित करने की आवश्यकता पूर्ण कर सकने योग्य अन्तःस्थिति का परिष्कृत दृष्टिकोण के आधार पर निर्माण किया होगा वही सच्ची और गहरी एकाग्रता का लाभ उठा सकेगा। ध्यान उसी का ठीक तरह जमेगा और तन्यमता के आधार पर उत्पन्न होने वाली दिव्य क्षमताओं से लाभान्वित होने का अवसर भी उसी को मिलेगा।

अभीष्ट लक्ष्य में श्रद्धा जितनी गहरी होगी उतना ही मन्त्र बल प्रचण्ड होता चला जाएगा। श्रद्धा अपने आप में एक प्रचण्ड चेतन शक्ति है। विश्वासों के आधार पर ही आकांक्षाएं उत्पन्न होती हैं और मनः संस्थान का स्वरूप विनिर्मित होता है। बहुत कुछ काम तो मस्तिष्क को ही करना पड़ता है। शरीर का संचालन भी मस्तिष्क ही करता है। इस मस्तिष्क को दिशा देने का काम अन्तःकरण के मर्मस्थल में जमे हुए श्रद्धा, विश्वास का है। वस्तुतः व्यक्तित्व का असली प्रेरणा केन्द्र इसी निष्ठा की धुरी पर घूमता है। गीताकार ने इस तथ्य का रहस्योद्घाटन करते हुए कहा है-'यो यच्छद्धः स एव स' जो जैसी श्रद्धा रख रहा है वस्तुतः वह वही है। अर्थात् श्रद्धा ही व्यक्तित्व है। इस श्रद्धा को इष्ट लक्ष्य में-साधना की यथार्थता और उपलब्धि में जितनी अधिक गहराई के साथ तन्यमता के साथ-नियोजित किया गया होगा, मन्त्र उतना ही सामर्थ्यवान

बनेगा। मंत्र की चमत्कारी शक्ति उसी अनुपात से प्रचण्ड होगी। इन तीनों चेतनात्मक आधारों को महत्व देते हुए जिसने मन्त्रानुष्ठान किया होगा, निश्चित रूप से वह अपने प्रयोजन में पूर्णतया सफल होकर रहेगा।

मन्त्र का चौथा आधार है शब्द शक्ति। अमुक अक्षरों का एक विशिष्ट क्रम से किया गया गुन्थन शब्द-शास्त्र के गूढ़ सिद्धान्तों पर तत्वदर्शी अध्यात्मवेत्ताओं ने किया होता है। मंत्रों के अर्थ सरल और सामान्य हैं। अर्थों में दिव्य जीवन की शिक्षाएँ और दिशाएँ पाई जाती हैं। उन्हें समझना भी उचित ही है। पर मंत्र की शक्ति इन शिक्षाओं में नहीं उनकी शब्द रचना से जुड़ी हुई है। वाद्य यन्त्रों को क्रम से बजाने पर ध्वनि प्रवाह निःसृत होता है। कण्ठ को क्रमशः आरोह-अवरोहों के अनुरूप उतार-चढ़ाव के स्वरों से युक्त करके जो ध्वनि प्रवाह बनता है उसे गायन कहते हैं। ठीक इसी प्रकार मुख के उच्चारण मंत्र को एक शब्द क्रम के अनुसार बार-बार लगातार संचालन करने से जो विशेष प्रकार का ध्वनि प्रवाह संचारित होता है, वही मन्त्र की भौतिक क्षमता है। मुख से उच्चारित मन्त्राक्षर सूक्ष्म शरीर को प्रभावित करते हैं। उसमें सन्निहित तीन ग्रन्थियों, षटचक्रों-षोडश माष्टकाडों-चौबीस उपत्यिकाओं एवं चौरासी नाड़ियों को झंकृत करने में मन्त्र का उच्चारण क्रम बहुत काम करता है। दिव्य शक्ति के प्रादुर्भूत होने में यह शब्दोच्चार भी एक बहुत बड़ा कारण एवं माध्यम है।

मंत्र जप में मुख से हलके प्रवाह क्रम से ही शब्दों का उच्चारण होता है। पर उनके बार-बार लगातार दोहराये जाने से सूक्ष्म शरीर के शक्ति संस्थानों में ध्वनि प्रवाह बहने लगता है। वहाँ से अश्रव्य कर्णातीत ध्वनियाँ या प्रचंड प्रवाह प्रादुर्भूत होता है। इसी में मन्त्र साधक का व्यक्तित्व ढलता है और उन्हीं के आधार पर वह अभीष्ट वातावरण बनता है, जिसके लिए मंत्र साधना की गई है। मंत्र का जितना महत्व है, साधना विधान का जितना महात्म्य है, उतना ही आवश्यक यह भी है कि माँत्रिक

अपनी श्रद्धा, तन्मयता और विधि प्रक्रिया में निष्ठावान रहकर अपना व्यक्तित्व इस योग्य बनाये कि उसका मंत्र, प्रयोग साधने वाली बहुमूल्य बन्दूक का काम कर सके।

**शब्द शक्ति का महत्व वैज्ञानिक है। स्थूल, श्रव्य, शब्द भी बड़ा काम करते हैं, फिर सूक्ष्म कर्णातीत अश्रव्य ध्वनियों का महत्व तो और भी अधिक है। मंत्र जप में उच्चारण तो धीमा ही होता है, उससे अतीन्द्रिय शब्द शक्ति को प्रचंड परिणाम में उत्पन्न किया जाता है।**

ध्वनि तरंगें उच्चारण से जाग्रत होकर श्रवण की परिधि में ही सीमित रहती हैं, प्राणियों द्वारा शब्दोच्चारों एवं वस्तुओं से उत्पन्न आघातों से अगणित प्रकार की ध्वनियाँ निकलती हैं, उन्हें हमारे कान सुनते हैं सुनकर कई तरह के ज्ञान प्राप्त करते हैं-निष्कर्ष निकालते हैं और अनुभव बढ़ाते हुए उपयोगी कदम उठाते हैं। यह शब्द ध्वनि का साधारण उपयोग हुआ।

**विज्ञान ने ध्वनि तरंगों में सन्निहित असाधारण शक्ति को समझा है और उनके द्वारा विभिन्न प्रकार के क्रिया-कलापों को पूरा करना अथवा लाभ उठाना आरम्भ किया है। वस्तुओं की मोटाई नापने-धातुओं के गुण, दोष परखने का काम अब ध्वनि तरंगें ही प्रधान रूप में पूरा करती है। कार्बन ब्लैक का उत्पादन, वस्त्रों की धुलाई, रासायनिक सम्मिश्रण, कागज की लुगदी, गीलेपन को सुखाना, धातुओं की ढलाई, प्लास्टिक धागों का निर्माण आदि उद्योगों में ध्वनि तरंगों के उपयोग से एक नया व्यावसायिक अध्याय आरम्भ हुआ है।**

वी.एफ. गुडरिच कम्पनी का हामोजिनाइजिंग दुग्ध संयन्त्र बहुत ही लोकप्रिय हुआ है। जनरल मोटर्स ने भी 'सोनी गेज' यन्त्र बनाया है।

इनके द्वारा ध्वनि तरंगों का उपयोग कई महत्वपूर्ण कार्यों के लिए किया जाता है। आयोवा स्टेंट कालेज, अल्ट्रा सोनिक कारपोरेशन ने भी ऐसे ही कई उपयोगी यन्त्र बनाये हैं।

**ध्वनि तरंगें कम्पित होती हैं, वे रेडियों तरंगों की तरह शून्य में यात्रा नहीं करती। मनुष्य के कानों द्वारा सुनी जा सकने योग्य थोड़ी सी ही हैं। जो कानों की पकड़ से नीची या ऊँची हैं, उनकी संख्या कई गुनी अधिक है। शब्द को शक्ति के रूप में परिणित करने के लिए जिन ध्वनि तरंगों का प्रयोग किया जा रहा है, उन्हें अल्ट्रा सोनिक ( आस्वन ) और सुपर सोनिक ( महास्वन ) संज्ञाएँ दी जाती हैं। यह ध्वनियाँ निकट भविष्य में सरलतापूर्वक विद्युत शक्ति में परिणत की जा सकेंगी और तब उस शब्द स्रोत ध्वनि प्रवाह का उपयोग किया जा सकेगा, ऐसा वैज्ञानिक मानते हैं।**

यह ध्वनि तरंगे देखने, सुनने, समझने में नगण्य सी हैं-उनका छोटा अस्तित्व उपहासास्पद सा लगता है, पर जब उनमें सन्निहित प्रचंड शक्ति का आभास मिलता है तो आश्चर्यचकित रह जाना पड़ता है। यह ध्वनि तरंगें इतना बड़ा काम करती हैं, जितना विशालकाय एवं शक्ति शाली संयंत्र भी नहीं कर सकते। यंत्र विज्ञान द्वारा इसी सूक्ष्म शक्ति का प्रयोग किया जा रहा है।

**प्रकाश और ध्वनि के कम्पनों का स्वरूप समझने के लिए हमें समुद्र में उठने वाली लहरों को देखना चाहिए, वे ऊपर उठती और नीचे गिरती हैं तथा एक क्रम-व्यवस्था की दूरी के साथ अग्रगामी होती हैं। प्रकाश और ध्वनि के कम्पनों का भी यही हाल है। विद्युत चुम्बकीय तरंगें प्रकाश की तरंगों से मिलती-जुलती होती हैं। किन्हीं दो उतार-चढ़ावों के बीच की दूरी को तरंग की लम्बाई कहा जाता है। किसी बिन्दु पर से एक सेकेंड में गुजरती तरंग के उतार-चढ़ाव को लहर की फ्रीक्वेंसी-कम्पनांक कहा जाता है। तरंग की गति में**

तरंग की लम्बाई का भाग देकर, इन कंपनाकों का नाम निश्चित किया जाता है।

ध्वनि की लहरों का वायु के प्रवाह से भी बहुत कुछ सम्बन्ध रहता है। वे वायु प्रवाह के साथ अधिक सुविधापूर्वक हो जाती हैं; जबकि वायु अवरोध की दिशा में उनका बल बहुत क्षीण होता है।

**रेडियो तरंगें, शब्द तरंगें, माइक्रो लहरें, टेलीविजन और रैडार की तरंगें, एक्स किरणें, गामा किरणें, लेज़र किरणें, मृत्यु किरणें, इन्फ्रारेड तरंगें, अल्ट्रा वायलेट तरंगें आदि कितनी ही शक्ति धाराएँ इस निखिल ब्रह्माण्ड में निरन्तर प्रवाहित रहती हैं। इन तरंगों की भिन्नता उनकी लम्बाई के आधार पर नापी जाती है। मीटर, सेन्टीमीटर, माइक्रोन, मिली मीटर, आँगस्ट्रोन इनके मापक पैमाने हैं।**

यह ध्वनि तरंगें अब विभिन्न भौतिक प्रयोजनों के लिए प्रयुक्त की जाने लगी हैं और उनके अनेकों उपयोगी लाभ उठाये जा रहे हैं।

हानिकारक कीटाणुओं का नाश करने में अश्रव्य ध्वनियों से बड़ी सहायता मिल रही है। दूध में से मक्खन निकालना, धातुओं तथा रसायनों को एक दूसरे के साथ घोट देना-कोहरा हटा देना-जैसे अनेकों महत्वपूर्ण जानकारियाँ रैडार तथा ऐसे ही अन्य यंत्रों से मिलती है। कुछ समय पहले बिजली के उपकरणों द्वारा कितने ही रोगों का इलाज किया जाता था; उसकी जगह अब अश्रव्य ध्वनियों का प्रयोग करके सफल उपचार किये जा रहे हैं।

**शब्द केवल जानकारी ही नहीं और भी बहुत कुछ देता है। खाद और पानी के बाद अब पौधों के लिए मधुर ध्वनि प्रवाह भी एक उपयोगी खुराक मानी जाने लगी है। यूगोस्वालिया में फसल को सुविकसित बनाने के लिए खेतों पर एक विशेष स्तर की वाद्य लहरियाँ ध्वनि विस्तारक यन्त्रों से प्रवाहित की गई और उसका**

परिणाम उत्साहवर्धक पाया गया। हॉलैण्ड के पशु पालकों ने गायें दुहते समय संगीत बजाने का क्रम चलाया और अधिक दूध पाया। निद्रा, उत्तेजना और विकास की त्रिविध प्रक्रियाएँ वृक्ष और वनस्पतियों पर देखी गई। पशुओं की श्रमशीलता, प्रजनन शक्ति, बलिष्ठता एवं दूध देने की क्षमता को संगीत ने बढ़ाया। मक्का की फसल पर संगीत के कतिपय प्रयोग करके उनकी वृद्धि में सफलता प्राप्त करने की दृष्टि से एक अमेरिकी कृषक जार्ज स्मिथ ने अन्तर्राष्ट्रीय ख्याति प्राप्त की।

शब्द शक्ति को ताप में परिणित किया जा सकता है। शब्द जब मस्तिष्क के ज्ञानकोषों से टकराते हैं तो हमें कई प्रकार की जानकारियाँ प्राप्त होती हैं। यदि उन्हें पकड़ कर ऊर्जा में परिणित किया जाए तो वे बिजली, ताप, प्रकाश, चुम्बकत्व आदि के रूप में कितने ही प्रकार का क्रिया-कलाप सम्पन्न कर सकने योग्य बन सकते हैं।

**ताप को शक्ति का प्रतीक माना गया है। विभिन्न प्रकार के ईंधन जलाकर अनेकों शक्ति धाराएँ उत्पन्न की जाती हैं। शक्ति और ताप को अब एक ही मान लिया गया है। वह दिन दूर नहीं जब शब्द को ईंधन नहीं वरन् एक स्वतन्त्र एवं सर्व शक्ति माना जाएगा तभी मन्त्र शक्ति की यथार्थता ठीक तरह समझी जा सकेगी।**

ध्वनियाँ तीन प्रकार से उत्पन्न होती हैं (1) वायु द्वारा (2) जल द्वारा (3) पृथ्वी द्वारा। वायु की तरंगों द्वारा प्राप्त होने वाली ध्वनि की गति प्रति सेकेंड 1088 फुट होती है। जल तरंगों की गति इससे तेज होती है। उस माध्यम से वे एक सेकेंड में 4900 फुट चलती है। पृथ्वी के माध्यम से यह गति और भी तेज होती है अर्थात् एक सेकेंड में 16400 फुट।

प्राण साधना द्वारा वायु तत्व का; स्नान, आचमन, अर्घदान आदि द्वारा जल का; दीपक, धूपबत्ती, हवन आदि द्वारा अग्नि का; प्रयोग करके

मन्त्रानुष्ठान से वे त्रिविध उपचार किये जाते हैं, जिनसे शब्द शक्ति को प्रचंड बनने का अवसर मिल सके।

हर ध्वनि अपने ढंग से अलग-अलग कंपन उत्पन्न करती है। इसी आधार पर हमारे कानों के पर्दे अलग-अलग व्यक्तियों की आवाज को आँखें बन्द होने पर भी पहचान लेते हैं। ध्वनि-कम्पनों-ध्वनि तरंगों के घनत्व के आधार पर हम असंख्य प्रकार की ध्वनियों की भिन्नता अनुभव करते हैं। नेत्रविहीन लोगों को अपने कानों की सहायता से ही समीपवर्ती वातावरण में हो रही हलचलों का व्यक्तियों तथा प्राणियों के अस्तित्व का पता लगाना पड़ता है। उनके कान इस बात के अभ्यस्त हो जाते हैं कि विभिन्न माध्यमों से उत्पन्न होने वाली ध्वनि प्रवाह का अन्तर कर सकें और स्थिति का अथवा प्राणियों की हलचलों का पता लगा सके।

**नादयोग की साधना द्वारा अनन्त अन्तरिक्ष में निरन्तर बहने वाली ध्वनि तरंगों को सुना जाता है और उनमें से अपने काम की तरंगों के साथ संपर्क बनाकर भूतकाल में जो हो चुका है उसकी, भविष्य के लिए जो संभावना बन रही है उसकी, तथा वर्तमान में किस व्यक्ति या किस परिस्थिति द्वारा क्या हलचलें उत्पन्न की जा रही हैं उनका पता लगाया जा सकता है। नादयोग की शब्द साधना वस्तुतः मन्त्र विज्ञान का ही एक अंग है।**

जिन ध्वनियों के कम्पन प्रति सेकेंड १०० से ३०० तक होते हैं, वे मनुष्य के कानों से आसनी के साथ सुने जा सकते हैं। इससे बहुत अधिक या बहुत कम कम्पन्न वाले शब्द आकाश से घूमते हुए भी हमारे कानों द्वारा सुने समझे नहीं जाते। इस प्रकार के शब्द प्रवाह को 'अनसुनी (अश्रव्य) ध्वनियाँ' कहते हैं। उन्हें 'सुपर सोनिक रेडियो मीटर' नामक यंत्र से कान द्वारा सुना जा सकता है।

इलेक्ट्रॉनिक्स के उच्च विज्ञानी ऐसा यन्त्र बनाने में सफल नहीं हो सके हैं, जो श्रवण शक्ति की दृष्टि से कान के समान संवेदनशील हो।

कानों की जो झिल्ली आवाज पकड़कर मस्तिष्क तक पहुँचाती है, उसकी मोटाई एक इंच के ढाई हजारवें हिस्से के बराबर हैं। फिर भी वह कोई चार लाख प्रकार के शब्द भेद पहचान सकती है और उनका अन्तर कर सकती है। अपनी गाय को या मोटर की आवाज को हम अलग से पहचान लेते हैं यद्यपि लगभग वैसी ही आवाज दूसरी गायों की या मोटरों की होती है, पर जो थोड़ा सा भी अन्तर उसमें रहता है, अपने कान के लिए उतने से ही अन्तर कर सकना और पहचान सकना सम्भव हो जाता है। कितनी दूर से, किस दिशा से, किस मनुष्य की आवाज आ रही है, यह पहचानने में हमें कुछ कठिनाई नहीं होती। यह कान की सूक्ष्म संवेदनशीलता का ही चमत्कार है। टेलीफोन यंत्र भी इतनी बारीकियाँ नहीं पकड़ सकता है।

**कानों से लेकर मस्तिष्क तक स्वसंचालित तंत्रिकाओं का जाल बिछा है। शब्द के कम्पन इनमें टकराकर प्रतिध्वनि उत्पन्न करते हैं, वह मस्तिष्क में पहुँचती है तब सुनने की बात पूरी होती है। कान में आवाज के घुसने और मस्तिष्क को उसका बोध होने के बीच कुछ कम एक सैकिण्ड समय लग जाता है।**

मुँह बन्द करके गुनगुनाया जाए तो भी उसकी आवाज मस्तिष्क तक पहुँचती है। ऐसी दशा में कान के समीप वाली जबड़े की हड्डी उन शब्दों को सीधे मुँह से मस्तिष्क तक पहुँचा देती है। इससे स्पष्ट है कि कान का कार्य क्षेत्र एक इंच गहरी नली तक ही सीमित नहीं है वरन् जबड़े के इर्द-गिर्द तक फैला है। गाल पर चपत मारने से कान सुन्न हो जाते हैं। इसका कारण उस क्षेत्र की उग्र हलचल का कान पर प्रभाव पड़ना ही है।

**कान में प्रवेश करने वाली ध्वनि तरंगों का वर्गीकरण करके उन्हें छने हुए रूप में मस्तिष्क तक पहुँचाने का काम 'यूस्टोरिओ' नली सम्पन्न करती है। शोरगुल के बीच जब यह नली थक जाती है**

**तो अक्सर बहरापन सा लगने लगता है। इसी तरह की आन्तरिक थकान दूर करने के लिए जम्हाइयाँ आती हैं।**

श्रवण शक्ति का बहुत कुछ सम्बन्ध मन की एकाग्रता से है। यदि किसी बात में दिलचस्पी कम हो तो पास में ही बहुत कुछ बातचीत होते रहने पर भी अपने पल्ले कुछ नहीं पड़ेगा। किन्तु यदि दिलचस्पी की बात हो तो फुसफुसाहट से भी मतलब की बातें आसानी से सुनी समझी जा सकती हैं।

**मनुष्य के कान केवल उन्हीं ध्वनि तरंगों को अनुभव कर सकते हैं जिनकी संख्या प्रति सेकेंड 20 से लेकर 20 हजार तक की होती है। इससे कम और अधिक संख्या वाले ध्वनि प्रवाह होते तो हैं, पर वे मनुष्य की कर्णेन्द्रिय द्वारा नहीं सुने जा सकते।**

इस तथ्य को समझने पर मानसिक जप का महत्व समझ में आता है। उच्चारण आवश्यक नहीं। मानसिक शक्ति का प्रयोग करके ध्यान भूमिका में सूक्ष्म जिह्वा द्वारा मन ही मन जो जप किया जाता है, उसमें भी ध्वनि तरंगें भली प्रकार उठती रहती हैं।

रेडियों यन्त्र केवल कुछ सीमित और सम्बन्धित फ्रीक्वेंसी पर चल रही ध्वनि तरंगें ही पकड़ पाते हैं। समीपवर्ती फ्रीक्वेंसी के साथ यदि उनके साथ सम्बन्ध न हो, तो वे यन्त्र सुन नहीं सकेंगे। कान की स्थिति उनकी अपेक्षा लाख गुनी अच्छी है। वे अनेक फ्रीक्वेंसियों पर चल रहे शब्द प्रवाहों को एक साथ पकड़ और सुन सकते हैं।

नाक में जिस स्तर की गन्ध ग्राही शक्ति है उस स्तर की पकड़ कर सकने वाला यन्त्र अभी तक बनाया नहीं जा सका है।

धर्मयोग में नादसाधना द्वारा आकाश–व्यापी, अन्तग्राही तथा अन्तःक्षेत्रीय दिव्य शक्तियों का सुना जाना सम्भव है और उस आधार पर वैसा बहुत कुछ जाना जा सकता है जो स्थूल मस्तिष्कीय चेतना अथवा

उपलब्ध साधनों से जान सकना सम्भव नहीं है। विश्व-व्यापी शब्द समुद्र में मन्त्र साधक अपनी प्रचंड हलचलें समाविष्ट करता है और ऐसे शक्तिशाली ज्वार-भाटे उत्पन्न करता है, जिनके आधार पर अभीष्ट परिस्थितियाँ विनिर्मित हो सके।

लोग उथली एकाँगी मन्त्र साधना करते हैं फलत: वे उस सत्परिणाम से वंचित रह जाते हैं जो सर्वांगपूर्ण मन्त्र साधना करने से निश्चयपूर्वक प्राप्त हो सकता है।

**ध्यान रखा जाए मन्त्र शक्ति जागरण की सफलता के चार आधार हैं-शब्द शक्ति, मानसिक एकाग्रता, चारित्रिक श्रेष्ठता एवं लक्ष्य के प्रति अटूट श्रद्धा। चारों आधारों को साथ लेकर चलने वाली मन्त्र साधना कभी निष्फल नहीं होती।**

# मंत्र शक्ति जागरण
## (विधि-विधान)

# मंत्र शक्ति जागरण
## ( विधि-विधान )

मंत्र शक्ति के प्रति अगणित मनीषियों का स्वाभाविक आकर्षण रहता है, परन्तु मंत्र सिद्धि के विधि विधान से अपरिचित लोग असफलता के दलदल में फंस कर अपने जीवन में अनेक उलझनों को आमंत्रित कर लेते हैं। अतः बीजमंत्रों एवं उनसे उत्पन्न अनेक मंत्रों की सिद्धि-शक्ति जागरण के विधान की सामान्य विवेचना मंत्र शास्त्रों के अनुसार यहाँ की जा रही है।

## साधक

किसी भी मंत्र की शक्ति जागरण के लिए साधक को साधुवत् अखण्ड ब्रह्मचर्य व्रत के साथ भोजन-पान की शुद्धता, कुव्यसनों का त्याग, अणुव्रतों का परिपालन, निश्च्छल एवं निष्पृहवृत्ति पूर्वक मंत्र की साधना या विशेष जाप्यानुष्ठान करना चाहिए। यदि साधक किसी भी प्रकार की स्वार्थ सिद्धि या धर्मनिष्ठ शीलव्रती लोगों को धर्मभ्रष्ट करने की

भावना से मारण-तारण, वशीकरणादि मंत्रों की सिद्धि करता है तो वह अपने वर्तमान को तो कलंकित करता ही है, भविष्य में भी दुर्गतियों का पात्र बनता है। कहा भी है–'बाल हत्या पदे पदे' अर्थात् मंत्र शक्ति का दुरुपयोग करने से किसी को धर्म या नैतिक पथ से भ्रष्ट करने से पल-पल में बाल हत्या के समान पाप लगता है।

साधक को धीर-वीर एवं गम्भीर होना चाहिए, क्योंकि मंत्र शक्ति जागरण साधना करते समय देवों द्वारा विभिन्न रूपों में साधक की परीक्षा ली जाती है। धैर्यता-वीरता के अभाव में वह भयभीत होकर पागल भी हो सकता है।

**साधक क्रोधी, मानी, मायावी अथवा लोभादि तीव्र कषाय परिणाम से युक्त न हो, ऋद्धि-सिद्धि के अभिमान से रहित हो तथा करूणा-प्रेम एवं परोपकार की भावना से परिपूर्ण हो।**

**साधक का कर्तव्य है कि गुरुमुख से मंत्र ग्रहण करके उनके मार्गदर्शन में ही साधना का शुभारम्भ करे, क्योंकि गुरुमुख से गृहीत मंत्र की साधना ही साधक को इष्ट फलदायी होती है, अन्य नहीं।**

मंत्र-साधना करने से पूर्व स्वरज्ञान एवं निमित्तज्ञान से शुभलक्षण, शुभसमय, शुभस्थान देखकर शुभ भावों से मंत्र साधना का शुभारम्भ करना चाहिए।

साधक जिस समय मंत्र शक्ति जागरण प्रारम्भ करे, उस समय उसे रक्षामंत्र-कवच के द्वारा स्थान एवं शरीर को सुरक्षित कर लेना चाहिए तथा रक्षा यंत्र भी अपने समीप विराजमान कर लेना चाहिए। जिससे मनोबल बढ़ता होता रहेगा। अन्य साधना सम्बन्धी विशेषताएं गुरुमुख से जानकर ही साधना प्रारम्भ करना चाहिए।

## साधक की विशेषतायें

1. मंत्र सिद्ध करने वाले साधक में बीजाक्षरों को बनाने और मंत्र को शुद्ध करने की सामर्थ्यता होनी चाहिए।

2. मंत्र सिद्ध करने वाले साधक को बीजकोश, मंत्र व्याकरण और मंत्र संबंधी विधान का पूर्ण ज्ञान होना चाहिए।

3. मंत्र सिद्ध करने वाले साधक के शरीर का उत्तम वर्ण हो, धैर्यवान हो, धार्मिक अनुष्ठान में निपुण हो, शास्त्र के अर्थ को जानने वाला हो और दूसरे का उपकार करने में आनंद मानने वाला हो, कृतज्ञ, शांत, करुणाशील, बुद्धिमान, कुशल और साधर्मियों से प्रेम करने वाला हो, लोक व्यवहार को जानने वाला हो, यशस्वी, तेजस्वी और सत्यवादी हो, ईर्ष्या और द्वेष रहित, अभिमान न करने वाला हो। ऐसा व्यक्ति ही मंत्रों को सिद्ध करने वाला हो सकता है।

# मंत्र साधना विचार

मंत्र सिद्धि के लिए तत्पर साधक को शुभाशुभ स्वप्न से, बाह्य निमित्तों से एवं ज्योतिष आदि के माध्यम से सफलता योग्य चिन्ह देखकर ही शुभ मुहूर्त, शुभ नक्षत्र, शुभ वार एवं शुभ घड़ी में मंत्र साधना का शुभारम्भ करना चाहिए। इनकी विशेष विधि प्राचीन ग्रन्थों में प्रतिपादित है। सामान्य व्याख्या निम्न प्रकार है–

**स्वप्न**—मंत्र सिद्धि में स्वप्नों का अपना एक विशिष्ट स्थान है, जिस दिन मंत्र सिद्धि का शुभारम्भ करना हो, उसकी प्रथम रात्रि में निद्रा लेने से पूर्व '**ॐ ह्रीं अर्हं सं सं छं छं वं वं क्लीं नमः**' इस मंत्र का नौ बार जप करके सो जाएं। रात्रि के दो बजे के बाद हरा-भरा बगीचा, फल, पुष्प, सुहागिन महिला, पुष्प मालाएं, गोवंश, हाथी, शेर एवं अपने इष्ट आराध्य का अभिषेक-पूजन आदि शुभता स्वप्न में देखने पर मंत्र की ऋद्धि-सिद्धि निर्विघ्न रूप से सम्पन्न होगी, ऐसा जानकर साधना प्रारम्भ कर दें।

इसके विपरीत बिना हौदे के हाथी, क्रूर सिंह, धूमसहित अग्नि, बोलता हुआ मुर्दा, शूकर, काग, गर्दभ, खुले बाल वाली स्त्री आदि अशुभता का अवलोकन स्वप्न में होने पर सिद्धि के मध्य उपसर्ग आ सकता है एवं हरे-भरे बगीचे में लगी हुई अग्नि, स्वयं पर उपसर्ग तथा स्वयं के कार्य को असफल हुआ देखने पर मंत्र सिद्धि का प्रयत्न न करें।

**निमित्त**—मंत्र सिद्धि के लिए गमन करते समय दाहिने हाथ पर बछड़े को दूध पिलाती हुई सफेद या पीली गाय, हाथी, श्याम चिड़िया, नीलकण्ठ, हंस, जल या दुग्धपूरित कलश, दूल्हा की बारात, देव-शास्त्र-गुरू यात्रा, फल, मिष्ठान तथा भोजन आदि के दर्शन होने पर मंत्र सिद्धि सहज हो जाती है।

इसके अलावा मन में अशुभ विचार, अशुभ वस्तुओं का दर्शन, एक आंख वाला व्यक्ति, सूखे वृक्ष एवं शूकर के ऊपर बांये तरफ काग बैठा दिखायी देने पर सिद्धि में मृत्यु या पागल होने का भय है, अत: ऐसे निमित्तों के मिलने पर मंत्र सिद्धि प्रारम्भ नहीं करें।

**उपर्युक्त बातों पर भलीभांति विचार करने के उपरान्त गुरु कृपा से ही मंत्र साधना का शुभारम्भ करना चाहिए अन्यथा लाभ के स्थान पर जीवन भी खतरे में पड़ सकता है।**

# मंत्र सिद्धि स्थान

विशिष्ट सिद्धियां प्राप्त करने के लिए प्राचीन ग्रन्थों में चार विशिष्ट स्थानों का वर्णन किया है, जिनकी विवेचना निम्न प्रकार है–

1. श्मशान स्थान    2. शव स्थान

3. अरण्य स्थान    4. श्यामा स्थान

**1. श्मशान स्थान**—इसमें भयानक श्मशान भूमि में जाकर मंत्राराधना की जाती है। ऐसे साधक को अभीष्ट मंत्र सिद्धि के काल पर्यन्त श्मशान में निवास करना आवश्यक है। भयभीत साधक इसका प्रयोग नहीं कर सकता है। पूर्वकाल में धीर-वीर सुकुमाल मुनिराज ने श्मशान स्थान में णमोकार मंत्र का ध्यान कर आत्म सिद्धि प्राप्त की थी। सेठ सुदर्शन ने श्मशान में मंत्र साधना कर मोक्ष सिद्धि की प्राप्ति की तथा वर्तमान शासननायक तीर्थंकर श्री महावीर स्वामी ने भी श्मशान भूमि में साधना के दौरान स्थाणु रुद्र के उपसर्ग को समता भाव से सहन करते हुए आत्म सिद्धि की प्राप्ति की।

**2. शव स्थान**—इसमें कर्ण पिशाचनी, कर्णेश्वरी आदि विद्याओं की सिद्धि हेतु मृत देह कलेवर पर आसन लगाकर मंत्र साधना की जाती है। आध्यात्मिक आत्म साधना का साधक इस स्थान से दूर रहता है।

**3. अरण्य स्थान**—इसमें हिंसक जन्तुओं से व्याप्त एकान्त निर्जन स्थान में निर्भयता पूर्वक एकाग्र चित्त से मंत्र की आराधना की जाती है। मंत्र की आराधना और शक्ति जागरण के लिए अरण्य (वन) स्थान ही सर्वोत्तम माना गया है। परम तपस्वी, निर्ग्रन्थ दिगम्बर यतिवर साधक अरण्य स्थान में पंच परमेष्ठी की आराधना करके निर्वाणलक्ष्मी को प्राप्त करते हैं।

**4. श्यामा स्थान**—इसमें एकान्त, सुनसान स्थान में षोडशी नवयौवना सुन्दरी को निर्वस्त्र दशा में सामने बैठा कर मंत्र साधना की जाती है। ऐसी स्थिति में साधक मन को चलायमान न करते हुए ब्रह्मचर्य में दृढ़ रहकर मंत्र सिद्धि करता है।

इन चार स्थानों के अतिरिक्त पर्वत के शिखरों पर, सरिताओं के तट पर, वृक्षों की कोटर में, सूनी गुफाओं में, निर्जन वनों में, सिद्ध क्षेत्रों में, अतिशय क्षेत्रों में, निर्वाण भूमियों में, जिनालयों में तथा भगवान के समक्ष निश्चल आसन में स्थिर मन से मंत्र साधना की जाती है।

ज्ञात रहे कि उपरोक्त चार विशेष स्थानों का उपयोग विशिष्ट मंत्र सिद्धि के लिए किया जाता है।

# मंत्र साधना के आसन

योग शास्त्रों में आसन की परिभाषा करते हुए कहा है–'**_स्थिर सुखमासनं_**' अर्थात् जो स्थिर एवं आकुलतादि से रहित सुख प्रदान करने वाला हो, उसे आसन कहते हैं।

मंत्र साधना के इच्छुक साधक विभिन्न आसनों में स्थिर होकर सिद्धियां प्राप्त करते हैं। मंत्र सिद्धि के योग्य कुछ आवश्यक आसनों की विवेचना प्रतिपादित है–

**_पर्यंकासन_**—दोनों जघांओं के नीचे का भाग दोनों पैरों के ऊपर रखकर अर्थात् पालथी मारकर बैठने को पर्यंकासन कहते हैं। इसका दूसरा नाम सुखासन भी है।

**_वीरासन_**—दाहिना पैर बांयी जंघा पर एवं बायां पैर दाहिनी जंघा पर रखकर बैठना वीरासन कहलाता है।

**_बद्धासन_**—वीरासन मुद्रा में पीठ की तरफ से लेकर दाहिने पैर का अंगूठा बांये हाथ से एवं बायें पैर का अंगूठा दाहिने हाथ से पकड़कर बैठना बद्धासन है।

**पद्मासन**—दायां पैर बांयी जंघा पर रखें और बायां पैर दाहिनी जंघा पर रखकर स्थित होकर बैठना पद्मासन कहलाता है। इस आसन में ऐड़ियां परस्पर मिली रहती हैं एवं दोनों घुटने भूमि से स्पर्श नहीं करते हैं।

**भद्रासन**—पुरूष लिंग के आगे पांव के दोनों तलुवे मिलाकर उनके ऊपर दोनों हाथ की अंगुलियों को परस्पर एक के साथ एक करके अर्थात् हाथ जोड़कर बैठने को भद्रासन कहते हैं।

**दण्डासन**—दोनों पैरों को लम्बा करके इस प्रकार बैठना कि अंगुलियाँ, गुल्फ (घुटने) व जंघा भूमि से स्पर्श करें, उसे दण्डासन कहते हैं।

**उत्कटासन**—गुदा और ऐड़ी के संयोग से दृढ़तापूर्वक बैठने को उत्किटासन कहते हैं।

**गोदोहिकासन**—गाय दुहने के आसन में बैठना गोदोहिकासन है।

**कायोत्सर्गासन**—कायोत्सर्ग मुद्रा में दोनों पैरों के मध्य चार अंगुल के अन्तराल से, दोनों हाथों को नीचे लटकाकर नासाग्र दृष्टि से खड़े होना कायोत्सर्गासन कहलाता है।

**एक पाद आसन**—एक पैर से खड़े होकर साधना करना एक पाद आसन कहा जाता है।

**सर्वांगासन**—दोनों कंधों के बल पर उल्टे खड़े होकर साधना करना सर्वांगासन है।

**शीर्षासन**—सिर के बल (उल्टा खड़ा होना) खड़े होकर साधना करना शीर्षासन है।

निम्न आसनों के अतिरिक्त सिद्धि साधना में सहयोगी-बद्ध पद्मासन, हलासन, शवासन, योग मुद्रासन आदि अनेक आसन हैं।

साधक अपनी साधनानुसार जिस आसन में स्थिर रह सके, वही आसन उसे हितकर, उपयोगी है। आसन की अस्थिरता में मन एकाग्र नहीं होगा और मन की एकाग्रता के बिना सिद्धि या शक्ति का जागरण होना असम्भव है। अत: आसन आकुलता का अनुत्पादक, सुखप्रद एवं स्थिर हो।

---

नोट:- आसन सम्बन्धी विशेष जानकारी हेतु परम श्रद्धेय धर्मयोगी गुरुदेव श्री योगभूषण जी महाराज की *'योगं शरणं गच्छामि'* पुस्तक अवश्य पढ़ें।

–प्रकाशक

---

# मंत्र साधना मुद्रा

मंत्र साधना में आसनों के साथ-साथ मुद्राओं की भी महत्वपूर्ण भूमिका है, अत: यहां मंत्र सिद्धि में उपयोगी कुछ मुद्राओं की विवेचना की जा रही है–

**सुरभि मुद्रा या धेनू मुद्रा**—दोनों हाथ जोड़कर दायें हाथ की कनिष्ठा को बायें हाथ की अनामिका से एवं बांये हाथ की कनिष्ठा को दायें हाथ की अनामिका से, दाहिने हाथ की तर्जनी को बायें हाथ की मध्यमा से और बायें हाथ की तर्जनी को दाहिने हाथ की मध्यमा से मिलाना तथा दोनों अंगूठों को परस्पर जोड़ने पर जो विशेष आकृति निर्मित होती है, उसे सुरभि मुद्रा या धेनू मुद्रा कहते हैं।

**पंचगुरु मुद्रा**—दोनों हाथों को सीधा कर हाथ की अंगुलियों को एक साथ मिलाकर खड़ी करना चाहिए फिर दोनों अनामिका अंगुलियों को खड़ा करते हुए दोनों हाथों की मध्यमा अंगुलियों को तर्जनी अंगुलियों से दबाना चाहिए। पश्चात् दोनों कनिष्ठा अंगुलियों को अंगूठे से दबाना

चाहिए। इस प्रकार पांच अंगुलियाँ ऊपर को खड़ी दिखाई देंगी तथा दबी हुई पांच अदृश्य सी रहेंगी। यह आकृति ही पंचगुरु मुद्रा है।

**आह्वानन मुद्रा या आकर्षण मुद्रा**—दोनों हाथ खोलकर एक साथ मिलाकर फैलाना फिर दोनों अंगूठों को दोनों अनामिकाओं के मूलभाग में आरोपित करना, यह आकृति आह्वानन मुद्रा कहलाती है।

**स्थापिनी मुद्रा**—आकर्षिणी मुद्रा सहित दोनों हाथों को उल्टा करने पर जो आकृति निर्मित होती है, वह स्थापिनी मुद्रा है।

**सन्निधीकरण मुद्रा**—दोनों हाथों को मुट्ठी बांधकर मिलाने से और दोनों अंगूठे ऊपर की ओर रखने पर जो आकृति निर्मित होती है, वह सन्निधीकरण मुद्रा है। सन्निधीकरण करते समय हृदय स्पर्श और नमस्कार करना चाहिए।

**जिन मुद्रा**—दोनों पैरों के मध्य चार अंगुल प्रमाण अन्तराल रखते हुए दोनों भुजाओं को नीचे लटकाकर कायोत्सर्ग रूप में खड़े होना जिनमुद्रा है।

**योग मुद्रा**—पद्मासन, पर्यंकासन और वीरासन इन तीन आसनों की गोद में नाभि के समीप दोनों हाथ की हथेलियों को चित्त (सीधा) रखने को योग मुद्रा कहते हैं।

**वन्दना मुद्रा**—दोनों कोहनियों को पेट पर रखकर दोनों हाथों को परस्पर जोड़ते हुए जो आकृति निर्मित होती है, वह वन्दना मुद्रा है।

**मुक्ता शक्ति मुद्रा**—दोनों हाथों की अंगुलियों को मिला कर दोनों कोहनियों को उदर पर रखकर खड़े हुए पुरूष की आकृति को मुक्ता शक्ति मुद्रा कहते हैं। अर्थात् दोनों कोहनियों को पेट पर रखकर दोनों हाथों को जोड़कर अंगुलियों का मिला देना मुक्ता शक्ति मुद्रा है।

**विनय मुद्रा**—दोनों हाथों को जोड़ कर कमल दल के सदृश्य जोड़कर अंगुलियों को मिला देना विनय मुद्रा है।

**नमस्कार मुद्रा**—दोनों हाथों की हथेलियों को परस्पर चिपकाकर हाथ जोड़कर दोनों अंगूठे माथे से लगाकर नमस्कार करने को नमस्कार मुद्रा कहते हैं।

**ज्ञान मुद्रा**—पद्मासन या सुखासन में बैठकर बांयी जंघा पर बांया हाथ रखकर अंगूठे से तर्जनी अंगुली को दबाकर रखें तथा शेष तीन अंगुलियां जैसी की तैसी लम्बी रहने दें और नासाग्र दृष्टि से दाहिना हाथ ऊपर ऊँचा उठा कर माला हाथ में लेकर बैठना ज्ञान मुद्रा कहलाती है। तर्जनी अंगुली को मोड़कर अंगूठे के अग्रभाग से लगाना और शेष तीन अंगुलियों को खड़ी रखना ज्ञान मुद्रा है।

**आहार मुद्रा**—मुनिराज की आहार चर्या के लिए गमन करते समय की मुद्रा को आहार मुद्रा कहते हैं अर्थात् बायें हाथ में पीछी-कमण्डलु लेकर दाहिने हाथ की पांचों अंगुलियों को मिलाकर दाहिने कंधे पर रखने से जो आकृति निर्मित होती है, उसे आहार मुद्रा कहते हैं।

**आचमन मुद्रा**—अपने दाहिने हाथ की हथेली एवं पांचों-अंगुलियों को लम्बा कर चित्त रखें, अनन्तर तर्जनी अंगुली को अंगूठे के नीचे जड़ में लगाकर उसके ऊपर अंगूठे को दबाकर रखें और बांकी तीन अंगुलियाँ लम्बी सीधी रहने देवें। इससे हाथ की हथेली स्वयमेव गड्ढा रूप बन जाती है। इसी को आचमन मुद्रा कहते हैं।

**वज्र मुद्रा**—वज्रासन में बैठकर बायें हाथ के ऊपर दाहिने हाथ को रखकर अंगुष्ठ एवं तर्जनी से मणिबन्ध को वेष्टित कर शेष अंगुलियों को फैला देना वज्र मुद्रा है।

**पद्म मुद्रा**—दोनों हाथों को कमलाकार बनाते हुए दोनों अंगूठों को मध्य में कर्णिका आकार से रखना पद्म मुद्रा है।

**प्रवचन मुद्रा**—तीनों अंगुलियों को सीधी करके तर्जनी और अंगूठे को मिलाकर हृदय के अग्रभाग में धारण करना प्रवचन मुद्रा है।

**मीन मुद्रा**—बायें हाथ की पीठ पर दाहिने करतल को रखकर दोनों अंगूठों को चलाना मीन मुद्रा हैं।

**अंकुश मुद्रा**—दाहिने हाथ की तर्जनी को प्रसारित कर मध्यमा को किंचित् वक्र करना एवं बायें हाथ को गोद में रखना अंकुश मुद्रा है।

**शिखा मुद्रा**—मुट्ठी को बांधकर अंगूठे को सीधा रखना शिखा मुद्रा है।

उपर्युक्त मुद्राओं के अतिरिक्त चक्रमुद्रा, पल्लव मुद्रा, मुदगर मुद्रा, तर्जनी मुद्रा, धनुमुद्रा, आसन मुद्रा, नाराच मुद्रा, जन मुद्रा, हृदय मुद्रा, शिरो मुद्रा, शिखा मुद्रा, कवच मुद्रा, क्षरमुद्रा, अस्त्र मुद्रा, महा मुद्रा, मावाहिनी मुद्रा, अवगाहनादि मुद्रा, पूज्य मुद्रा, पाश मुद्रा, ध्वज मुद्रा, वर मुद्रा, शंख मुद्रा, शक्ति मुद्रा, श्रृंखला मुद्रा, मंदर मुद्रा, मेरु मुद्रा, गदा मुद्रा, घण्टा मुद्रा, कमण्डलू मुद्रा, पशु मुद्रा, वृक्ष मुद्रा, सर्प मुद्रा, खड्ग मुद्रा, ज्वलन मुद्रा एवं दण्ड मुद्रा आदि अगणित आकृतियां (मुद्रायें) जप एवं ध्यान आदि की सिद्धि में उपयोगी हैं।

किसी भी मुद्रा में निश्चल होकर जप या ध्यान किया जा सकता है, किन्तु परिणामों की विशुद्धि तथा आसन एवं मुद्रा की निश्चलता होना अत्यावश्यक है।

---

**आसन एवं मुद्रा के विशेष वर्णन जानने के लिए धर्मयोगी गुरुदेव श्री योगभूषण जी महाराज की अन्य कृति *'योगं शरणं गच्छामि'* एवं *'प्राणशक्ति जागरण'* तथा *'मुद्रा योग साधना'* अवश्य पढ़ें!**

–प्रकाशक

---

# मंत्रशक्ति जागरण की आवश्यक विधि

1. जिन साधकों को मंत्र साधना करना है, उन्हें सबसे पहले जिस स्थान में बैठकर साधना करना है, उस स्थान के रक्षक देवों से अनुमति लेकर ही वहाँ बैठना चाहिये।

2. जहाँ मंत्र साधना करना हो, वह स्थान कोलाहल रहित, मनुष्यों के गमनागमन से रहित एकान्त व पवित्र होना चाहिए।

3. मंत्र साधना के लिए आवश्यक सामग्री एवं भोजन पानी अपने पास तक लाने के लिए एवं सामान की देख-रेख हेतु एक विश्वास योग्य व्यक्ति साथ में अवश्य रख लेना चाहिए।

4. मंत्र शुद्ध अवस्था में ही जपना चाहिए। साधना के दिनों में खाना पीना शुद्ध अवश्य ही होना चाहिए। ब्रह्मचर्य का पालन मंत्र का जाप होने तक अवश्य रखना चाहिए। चटाई पर ही सोना चाहिए।

5. जिस मंत्र के जाप की जितनी संख्या निश्चित है, उतना संकल्प करके विधि पूर्वक पूरा अवश्य कर लेना चाहिए। जाप का संकल्प अधूरा नहीं छोड़ें।

6. जाप पूरा होने के बाद निर्देशानुसार 108 बार, 27 बार, 21 बार या जितनी बार लिखा हो उतनी बार रोज या समयानुसार अवश्य जपना चाहिए।

7. जिन मंत्रों के सामने दो का अंक लिखा हो उन मंत्रों को दो-दो बार अवश्य जपना चाहिए।

8. मंत्र साधना के पहले रोज सकलीकरण (रक्षा कवच) अवश्य कर लेना चाहिए एवं रक्षा स्तोत्र पढ़ना चाहिए।

9. यदि मंत्र साधना में कोई देव किसी प्राणी या किसी अन्य रूप में साधक के सामने आ जाये, तो साधक बिल्कुल भी न घबरायें, न ही डरें।

10. मंत्र साधना अनुकूल ऋतु में ही करें। शरद ऋतु साधना हेतु- अति उपयुक्त रहती है या फिर जिस मंत्र की विधि में जो ऋतु बतलायी है, उसके विधि अनुसार ही कार्य करें।

11. मंत्र साधना में धोती दुपट्टा दो ही वस्त्र पहनें। जनेऊ अवश्य धारण करें–वस्त्र मंत्र विधि में बतलाये अनुसार रंग वाले हों।

12. मंत्र साधना के बीच में मलमूत्र आदि विसर्जन के लिए कहीं न जाएँ। यदि जाने की आवश्यकता हो, तो माला पूरी करके ही जाएँ। किन्तु जाप के वस्त्र पहनकर कदापि न जाएँ।

13. जहाँ मंत्र में स्वाहा लिखा हो, वहाँ धूप दानी में धूप अवश्य खेते जाना चाहिए।

14. मंत्र साधना के लिए पद्मासन ही सबसे श्रेष्ठ आसन होता है। इसलिये पद्मासन से बैठकर जाप करना चाहिए। अथवा विधि अनुसार भी आसन का चयन कर सकते हैं।

15. शरीर व वस्त्रों की शुद्धि का पूर्ण ध्यान अवश्य रखना चाहिए।

16. मंत्र बीजाक्षरों को धीरे-धीरे शुद्ध उच्चारण करते हुए जपना चाहिए।

17. मंत्र साधक को सोते ओढ़ने व बिछाने के लिए सफेद वस्त्र ही लेने चाहिए या मंत्र विधि में जिस रंग का निर्देश किया हो वैसे ही वस्त्र लेना चाहिए।

18. मंत्र साधना में बैठने के लिए डाभ का आसन सबसे अच्छा होता है।

19. मंत्र साधना में निराकुलता से जाप करना चाहिए। घर-गृहस्थी का विकल्प नहीं करना चाहिए।

20. मंत्र साधना में शुद्ध घी का दीपक अवश्य जलाना चाहिए अथवा जहाँ जो विधि-निर्देश हो, उसका प्रयोग करना चाहिए।

21. मंत्र साधना के लिए यदि कोई निश्चित दिशा न बतलाई गई हो, तो फिर मंत्र साधना के लिए पूर्व दिशा में मुख करके ही बैठना चाहिए।

# मंत्र साधना में अँगुलियों का फल

मंत्र जाप में मोक्ष के लिए अंगूठे से जाप करना चाहिए।

व्यवहारिक कार्यों के लिए तर्जनी से जाप करना चाहिए।

धन और सुख प्राप्ति के लिए मध्यमा अँगुली से जाप करना चाहिए।

शान्ति के लिए अनामिका अँगुली से एवं सर्व कार्यों की सिद्धि के लिए कनिष्ठा अँगुली से जाप करना चाहिए।

# जप आसनों का फल

विभिन्न आसनों पर बैठकर किये गये जाप व फलों का निर्देश करते हुए मंत्र वेत्ताओं ने कहा है–कि

बाँस की चटाई पर बैठकर जाप करने से मंत्र साधक दरिद्र हो जाता है।

पाषाण पर बैठकर जाप करने से साधक व्याधि पीड़ित हो जाता है।

भूमि पर बैठकर जाप करने से साधक को दुःख होता है।

पाटे पर बैठकर जाप करने से साधक को दुर्भाग्य की प्राप्ति होती है।

घास की चटाई पर बैठकर जाप करने से साधक का अपयश होता है।

पत्तों के आसन पर बैठकर जाप करने से साधक का ज्ञान नष्ट हो जाता है।

चमड़े पर बैठकर जाप करने से साधक का ज्ञान नष्ट हो जाता है।

कथरी पर बैठकर जाप करने से साधक का मन चंचल हो जाता है।

कंबल पर बैठकर जाप करने से साधक का मान भंग हो जाता है।

मंत्र जाप हेतु डाभ का आसन सर्वश्रेष्ठ माना गया है।

## मंत्र साधना में वस्त्रों का फल

मंत्र साधना में वस्त्रों के परिधान का फल निर्देश करते हुए कहा है–

नीले वस्त्र पहनकर जाप करने से साधक को बहुत दुःख हो जाता है।

हरे रंग के वस्त्र पहनकर जाप करने से साधक का मान भंग हो जाता है।

सफेद वस्त्र पहनकर जाप करने से साधक के यश की वृद्धि होती है। लाल रंग के वस्त्र पहन कर जाप करने से लक्ष्मी की वृद्धि होती है।

पीले रंग के वस्त्र पहनकर जाप करने से साधक को हर्ष बढ़ता है।

# मंत्र साधना में माला के जाप का फल

दुष्ट या व्यंतर देवों के उपद्रव दूर करने के लिए, स्तम्भन विधि के लिये, रोग शान्ति के लिए और पुत्र प्राप्ति के लिए मोती के दानों की माला से या कमल बीज की माला से जाप करना चाहिए। शत्रुओं के उच्चाटन के लिए रुद्राक्ष की माला से जाप करना चाहिए। सर्वकार्य की सिद्धि के लिए पंच वर्ण के पुष्पों से जाप करना चाहिए। हाथ की अँगुलियों से जाप करने पर दस गुना फल मिलता है। आँवले की माला से जप करने पर हजार गुना फल मिलता है। लौंग की माला से जाप करने पर पाँच हजार गुना फल मिलता है। स्फटिक की माला से जाप करने पर दस हजार गुना फल मिलता हैं। मोतियों की माला से जाप करने पर एक लाख गुना फल मिलता है। सोने की माला से जाप करने पर करोड़ गुना अधिक फल मिलता है।

माला के साथ-साथ भावों की विशुद्धि एवं परिणामों की निर्मलता तथा मन की एकाग्रता भी अनिवार्य है।

# मंत्र-जप-ध्यान

1. **मानसिक जाप ( अन्तर्जल्प )**—अपने अन्तर्मन में ही बीजमंत्रों का ध्यान पूर्वक जाप करना!
2. **वाचनिक जाप ( बैखरी )**—मुख के द्वारा उच्चारण कर बीजमंत्र-स्तोत्रों का जाप करना।
3. **उपाँशु जाप ( मुखगत )**—बिना आवाज किये मुख के अन्दर ही अन्दर बीजमंत्रों का ध्यान पूर्वक जाप करना।

**विशेष :**-जापों में-वाचनिक और उपांशु जाप की अपेक्षा मानसिक जाप का महत्व सबसे ज्यादा होने से मन ही मन में मंत्र का जाप करना सबसे अधिक श्रेष्ठ है।

कायिक या होठों को हिलाते हुए धीरे-धीरे मन्द स्वर में उपांशु जाप में मंत्र जाप करना भौतिक कार्यों में लाभकारी है।

वाचनिक जाप में उच्चस्वर में मंत्र को जपने से पुत्र की प्राप्ति होती है।

मन ही मन में मानसिक जाप करने से सर्व कार्यों की सिद्धि होती है।

लौकिक कार्यों की सिद्धि के लिए निर्धारित संख्यानुसार ही जाप करें। किन्तु आत्म शान्ति के लिए काव्य और मंत्रों का जाप साधकों को हमेशा करते रहना चाहिए।

# मंत्र साधना में क्षेत्र का फल

घर में की गई मंत्र साधना व जाप के फल की अपेक्षा बगीचे में बैठकर मंत्राराधना करने से सौ गुना अधिक फल मिलता है।

पुण्य क्षेत्र और जंगल में जाप या मंत्राराधना करने से एक हजार गुना अधिक फल मिलता है।

पर्वतों पर मंत्राराधना करने से दस हजार गुना अधिक फल मिलता है।

नदी के किनारे जाप करने से एक लाख गुना अधिक फल मिलता है।

मन्दिर में मंत्राराधना करने से एक करोड़ गुना अधिक फल मिलता है।

भगवान के समीप बैठकर जाप करने से अनन्तगुना अधिक फल मिलता है।

# मंत्र साधना के लिए काल निर्देश

**महीना**—मंत्र साधना के लिये हिन्दी महीनों में वैशाख, श्रावण, अश्विन, कार्तिक, अगहन, माघ एवं फाल्गुन का महीना श्रेष्ठ होता है।

**तिथि**—तिथियों में कृष्ण पक्ष की प्रतिपदा, दूज, तृतीया, चतुर्थी एवं पंचमी ठीक होती है। किन्तु शुक्लपक्ष में 2, 3, 5, 7, 10, 13, 15 वीं तिथियाँ मंत्राराधना करने के लिए श्रेष्ठ होती हैं।

**वार**—वारों में रविवार, सोमवार, बुधवार, गुरुवार एवं शुक्रवार मंत्राराधना करने के लिए श्रेष्ठ होते हैं।

**नक्षत्र**—नक्षत्रों में अश्विनी, रोहिणी, मृगशिरा, पुनर्वसु, पुष्य, मघा, पूर्वात्रय, उत्तरात्रय, हस्त, चित्रा, स्वाति, अनुराधा, शतभिषा नक्षत्र मंत्राराधना करने के लिए उपयोगी हैं।

**लग्न**—लग्नों में वृषभ, मिथुन, सिंह, कन्या, वृश्चिक, धनु, कुम्भ और मीन लग्न मंत्राराधना के लिए उपयोगी हैं।

**योग**—योगों में गुरुपुष्यामृतयोग, रविपुष्ययोग, रविपुष्यामृत योग, रवियोग, सिद्धियोग, सर्वार्थसिद्धि योग व अमृतसिद्धि योग श्रेष्ठ माना जाता है।

मंत्राराधना के लिए रात्रि का तीसरा और चौथा पहर सबसे श्रेष्ठ होता है।

## विशेष कार्यों की सिद्धि के लिए साधना विचार

**वशीकरण मंत्र सिद्धि** करने के लिए वस्त्र, धोती, दुपट्टा और बनियान और बैठने का आसन एवं जपने की माला पीली ही होनी चाहिए।

**धनलाभ के लिए** मंत्र साधना में वस्त्र, आसन एवं माला सफेद अथवा लाल रंग की होनी चाहिए।

**आकर्षण करने के लिए** मंत्र साधना में वस्त्र माला और आसन हरे रंग के रखने चाहिए।

किसी को **मोहित करने के लिए मोहन कर्म** में वस्त्र आसन और माला लाल रंग की होनी चाहिए।

# मंत्र सिद्ध होगा या नहीं उसको देखने की विधि

साधक को जिन मंत्रों की साधना करनी हो, उन मंत्रों के पूरे अक्षरों को 3 की संख्या से गुणा कर दें। गुणा करने से जो संख्या आयेगी उसमें अपने नाम के अक्षरों की पूरी संख्या मिलाकर जोड़ देवें। फिर इस संख्या में 12 की संख्या का भाग देवें ऐसा करने से उसका जो शेष फल होगा वह इस प्रकार रहेगा-

5 और 9 बाकी बचें तो साधक को मंत्र शीघ्र ही सिद्ध होगा और फल मिलेगा।

6 और 10 संख्या बाकी बचे तो मंत्र देर से सिद्ध होगा।

7 और 11 शेष बचें तो मंत्र साधक को साधारण फल देने वाला होगा।

8 और 0 की संख्या बाकी बचे तो साधक को मंत्र सिद्ध नहीं होगा ऐसा समझना चाहिए।

**नोट**—साधक को कोई भी मंत्र अपने नाम से मिलाने पर ऋण धन की संख्या आती हो तो उसमें मंत्र के प्रारम्भ में **ॐ, ह्रीं, श्रीं या क्लीं** इन मंत्र बीजाक्षरों में से कोई भी एक मंत्र बीजाक्षर जोड़ देने पर साधक को अवश्य ही मंत्र सिद्ध होगा और फल प्राप्त होगा।

# मंत्र साधना की विस्तृत विधि

'योग, उपदेश, देवता, सकलीकरण, उपचार, जप, होम और जप के साधक, दिशा काल आदि व पृथ्वी आदि मण्डल, शान्ति आदि संज्ञा, मंत्र के साधने का समय विचार-करके मंत्र सिद्धि करनी चाहिए।

**दिशा, काल, मुद्रा, आसन, पल्लव, इसका भेद जानकर मंत्र का जप करना चाहिए। इनके जाने बिना हमेशा भी यदि जप होम करते रहो तो भी, मंत्र सिद्ध नहीं होता।'**

**योग का स्वरूप :** पहले तो साधक और मंत्र के आदि अक्षर से नक्षत्र, तारा और चंद्र की-अनुकूलता ज्योतिष से मिलावें। यदि विरोध न हो तो समझना चाहिए कि मंत्र सिद्ध होगा। इसी को योग कहते हैं।

**उपदेश :** पुस्तक में मंत्र लिखा है, तो भी मंत्र विधि जानने वाले गुरू से अवश्य पूछना चाहिए। जिससे कि, सन्देह न रहे, यह उपदेश है।

**देवता :** शुद्ध सम्यग्दृष्टि 24 तीर्थंकरों में से किसी का भी जप करें तो उसके सेवक यक्ष या यक्षिणी उस साधक की मनोवाञ्छित सिद्धि में

सहायक होते हैं। ये यक्ष और यक्षिणी जिनमत की सेवा करते हैं, इन रोहिणी आदि विद्या देवताओं के प्रभाव से विद्याधर, मनुष्य होकर भी देवों के समान सुख भोगते हैं। इस प्रकार भक्ति से इन विद्या देवताओं का ध्यान करना चाहिए।

**सकलीकरण :** मंत्र साधने के पहले सकलीकरण क्रिया अवश्य करनी चाहिए। विद्यासाधना करने के इच्छुक, निर्विघ्न, इष्ट कार्य की सिद्धि के लिए अपनी रक्षा करने को सकलीकरण क्रिया करते हैं। पहले दिशा बन्धन कर, फिर शुद्धजल से अमृतमंत्र पढ़कर अपने शरीर पर छीटें लगावें। इस प्रकार जल स्नान करके शुद्ध धुले हुए वस्त्र पहनकर शुद्ध एकांत स्थान में ब्रह्मचर्यादि पाँच व्रतों का पालन करते हुए भूमि शुद्धिकर पर्यंकासन (पद्मासन) से बैठें और समीप में पूजा द्रव्य रखकर ऐसा कहें कि, अपनी आत्मा ही प्रातिहार्यादि से सुशोभित अर्हत् परमात्मा है। ऐसा पृथ्वी धारणादि पाँच धारणाओं से अपने को शुद्ध चिंतवन करें। इस प्रकार सकलीकरण करके पंचोपचार विधि से मंत्र के अधिष्ठाता देवता की पूजा करें।

**पाँच उपचार**—मंत्र स्वामी देवता के पाँच उपचार हैं। आह्वानन, स्थापन, सन्निधिकरण, अष्टद्रव्य से पूजन और विसर्जन। पूरक से आह्वानन, रेचक से विसर्जन और बाकी के कर्म कुंभक प्राणायाम से आरम्भ करें।

जप, होम–मंत्र के जप की संख्या 108 अथवा 1008 सामान्य रीति से कही गयी है। सब मंत्रों को मन में जीभ से धीरे–धीरे बोलते हुए जपे अथवा भक्ति पूर्वक ऊँचे स्वर से भी बोल सकते हैं। जप से पूरा मंत्र अपनी शक्ति को प्राप्त होता है और होम पूजा आदि से उसका स्वामी देवता तृप्त होता है। एक तो स्वयं अग्नि, फिर उसे हवा की सहायता मिल जाए तो क्या नहीं कर सकती? इसी तरह पहले तो मंत्र, फिर वह जप होम सहित हो तो क्या नहीं हो सकता? जप के समय मंत्र के अन्त में

नम:, शब्द लगावें और होम के समय ''स्वाहा'' शब्द जोड़ें। मूल मंत्र की संख्या से दसवाँ भाग होम करने के समय आहूति मंत्र की संख्या है। अर्थात् हजार बार मंत्र जपा हो तो सौ बार उसी मंत्र को होम के समय बोलकर आहूतियाँ दें।

**होमविधि**—शान्ति, पौष्टिक, स्तंभन कर्म में चौकोना होमकुण्ड कहा गया है। तीनों कुंडों की गहराई एक हाथ प्रमाण कही गई है, उनकी 3 कटनियाँ कहीं गयीं हैं। पहले कटनी का विस्तार और ऊँचाई 5 अँगुल दूसरी का 4 और तीसरी का 3 अँगुल प्रमाण है। होम करने वाला सकलीकरण क्रिया से शुद्ध मन करके नवीन धोती दुपट्टा पहनकर, जनेऊ धारणकर, पद्मासन लगाकर इष्ट सिद्धि के लिए होम क्रिया करें। होम में पलाश (ढाक) की लकड़ी मुख्य मानी गई है। यदि वह न मिले तो दूध वाले वृक्ष अर्थात् पीपल आदि वृक्षों की सूखी लकड़ी होनी चाहिए। यह सामान्य रीति है। साथ में सफेद चन्दन, लाल चन्दन और शमी (अरणी) की लकड़ी भी होना चाहिए और पत्ते पीपल और ढाक के होने चाहिए। सभी क्रियाओं में दूधवाले वृक्षों की सूखी लकड़ी बिना कीड़ों की ली गयी है। होम में एक किलो दूध, एक किलो घी तथा दशांग धूप आदि से मिला होम द्रव्य 2 किलो लेना। वध, विद्वेषण, उच्चाटन कर्म में 8 अँगुल लम्बी लकड़ी होनी चाहिए।

अशुभ कार्य मारणादि में क्रोध सहित होकर अशुभ द्रव्यों से होम करें और शुभ कार्य शांति आदि में उत्तम सामग्री से प्रसन्नचित्त होकर होम करें।

जल चन्दनादि अष्टद्रव्यों से मंत्र जपते हुए अग्नि की पूजा करें। फिर दूध, घी, गुड़ सहित एक लकड़ी को अपने हाथ से होमकुण्ड में रखें। फिर अग्नि स्थापन कर पहले घी की आहूतियाँ स्तोत्र, श्लोक पढ़ते हुए दें। पीछे लकड़ियों को रखकर आहूति द्रव्यों को मिलाकर जाप का मंत्र

बोलते हुए आहुतियाँ देवें। लकड़ियों की संख्या 108 कही गई है। उसके अनुसार पाँच कलश स्थापन करके होम (हवन) करना चाहिए।

जिसने सम्पूर्ण विधि पूर्वक अच्छी तरह से एक मंत्र भी सिद्ध कर लिया है, उसको थोड़े ही समय में अन्य दूसरे मंत्र भी सिद्ध हो जाते हैं।

# मंत्रशक्ति जागरण के लिए आवश्यक निर्देश

## मंत्रशक्ति जागरण में गुरू का महत्व

मंत्र साधना करने वाले साधक को पहले किसी योग्य मंत्र निष्णात गुरू के चरणों में बैठकर शिष्य बनने की योग्यता प्राप्त करना चाहिए और फिर गुरु की आज्ञा मिलने के पश्चात् मंत्र विद्या की आराधना करनी चाहिए। मंत्र साधक शिष्य को आदि से अंत तक तन, मन, धन से गुरू की सेवा करते हुए विनय से रहना चाहिए।

मंत्र विद्या की साधना विधि में आने वाली आपत्तियों से रक्षा करने वाले गुरु ही हैं। इसलिए गुरु ही हमारे पिता, माता और सच्चे मित्र हैं। शिष्यों को उपदेश देने के कारण गुरु ही स्वामी हैं, गुरु ही विद्या हैं, स्वर्ग और मोक्ष के दाता गुरु ही हैं। गुरु के आशीर्वाद और उपदेश से ही शिष्यों को विद्या और मंत्र के ज्ञान की प्राप्ति होती

है। अतः मंत्र विद्या की साधना करने वाले साधक को हमेशा ही विनय पूर्वक गुरु की उपासना करनी चाहिए।

## विद्या और मंत्र सिद्ध करने वाले के लक्षण

मंत्र विद्या करने वाला (शिष्य) बुद्धिमान हो, मन और इंद्रियों को संयम में रखने वाला हो, मौन से रहने वाला हो, देव-शास्त्र-गुरु की आराधना करने में उत्साहित हो, भय और मान से रहित हो, हमेशा जप और होम में रत रहने वाला हो, वीर हो, धीर हो, उपसर्ग और परीषह को सहन करने वाला हो, संयमित आहार करने वाला हों, कषायों से रहित हो, ग्रहण किए हुए व्रतों को दृढ़ता से निभाने वाली हो। शील, संयम उपवास, दानादि और धर्म की क्रियाओं में प्रवृत्त रहने वाला हो। गुरु के प्रति दृढ़ आस्था रखने वाला और उनकी विनय करने वाला हो, गुरु के बताए मार्ग पर चलने वाला, मेधावी, स्वाभिमानी, निःशंक और निंदा को जीतने वाला हो, जाप पूर्ति पर्यन्त ब्रम्हचर्य का पालन करने वाला और कामवासना को जीतने वाला हो, बीजाक्षर को पहचानने वाला एवं अपने भाग्य पर विश्वास रखने वाला हो, ऐसा साधक ही मंत्र विद्या को सिद्ध करने वाला योग्य साधक हो सकता है।

## मंत्र साधना के अयोग्य व्यक्ति

जो सदाचार रहित हो, पापकार्य को करने वाला हो, कुंठित वाणी वाला, बात-बात में डरने वाला, कमजोर हृदय वाला, मंत्रों में श्रद्धा न रखने वाला, आलसी, मंद्ध बुद्धि, मायावी, क्रोधी, भोगी, इंद्रिय विलासी, कामी, गुरु से द्वेष रखने वाला, हिंसक, शीलरहित, अत्यंत बालक, अत्यंत वृद्ध और सोलह वर्ष से कम उम्र वाला एवं रोगी व्यक्ति मंत्र साधना के योग्य नहीं हो सकता है।

# गुरु से मंत्र ग्रहण करने की प्राचीन जैन विधि

जिन मंदिर के एक स्थान में ईशान कोण की ओर द्वार बनाकर पहले जल छिड़कें फिर वहाँ पाँच वर्ण की रंगोली से एक चौकोन (समान लंबाई चौड़ाई वाला) मंडल को तीन रेखाओं से विधि पूर्वक बनायें। मंडल के बाहर पश्चिम दिशा में समुद्र में नदियों के आते हुए जल को जलचर प्राणियों से भरे हुए दिखायें और समुद्र में हवा का रूप दर्शायें। उस मंडल के चारों कोनों में चंदन, पुष्प आदि मंगल कलशों से सहित मुँह तक भरे हुये सोने या चाँदी आदि के चार कलशों को चारों कोनों पर रखें। फिर वहाँ पर मंत्र के अधिष्ठाता देव या देवी के चरण सुनहरी या चाँदी के बंध के बनाकर उनका दूध, दही, घी, गंध, जल से अभिषेक करें। इन चरणों को मंडल की दक्षिण दिशा में बनाकर पूजा करें। दूसरे चरण नैऋत्य आदि दिशाओं में बनाये गये मंडल के मध्य में चूर्ण से भगवान अरहंत देव के चरण बनायें और कोनों में सिद्ध, आचार्य, उपाध्याय और साधुओं के चरण बनाएँ। इन सबकी जल, गंध, अक्षत,

पुष्प, दीप, धूप आदि से पूजा करके उनके ऊपर अनेक प्रकार के पुष्पों से शोभित मंडप बनायें। पश्चात् गुरु के चरणों को स्थापित कर पंच परमेष्ठी और अधिष्ठात्री देवी की पूजन करें। पश्चात् अक्षत और पुष्पों को हाथों में लेकर मंडल के बीच में बैठे हुये शिष्य को घड़ों के जल से स्नान करावें और अन्य आभूषण-वस्त्र आदि शिष्य को देने के पश्चात् अत्यंत नम्र शील हो, साध्य आदि मंत्र को दिया जाये और मंत्र देते हुए गुरु शिष्य को कहे तुमको मैंने यह गुरु परंपरा से चला आया हुआ मंत्र पंच परमेष्ठी, अग्नि, सूर्य, चंद्रमा और देवताओं की साक्षी पूर्वक प्रदान किया है। तुम यह विद्या अन्य मतावलंबी को मत देना। इसे देव-शास्त्र-गुरु की विनय करने वाले धार्मिक और दयालु व्यक्ति को ही देना। यदि तुम इस विद्या को लोभ के वश अन्य मतावलंबियों को दोगे तो तुमको बालहत्या, स्त्रीहत्या, मुनिहत्या का पाप लगेगा। यह कहकर ही उसे विद्या या मंत्र प्रदान किया जाये। इस प्रकार गुरु को मंत्र साधना करने वाले देवताओं के सामने शपथ देकर मंत्र साधना के विधानानुसार शिष्य को मंत्र देना चाहिए।

# मंत्र भेद

संसार में परिभ्रमण करने वाला प्रत्येक प्राणी दुःखी है, अशान्त है, बैचेन है। निरन्तर शारीरिक-मानसिक वेदनाओं से छुटकारा पाने के लिए प्रयत्नशील है। मंत्र शास्त्र में भी विविध कार्यों-प्रयोजनों की सिद्धि के लिए मंत्रों के अनेक भेद बताये हैं,

उनमें से कुछ प्रमुख मंत्र-भेद निम्न हैं-

| | | |
|---|---|---|
| 1. स्तम्भन | 2. मोहन | 3. उच्चाटन |
| 4. वश्याकर्षण | 5. जृम्भण | 6. विद्वेषण |
| 7. मारण | 8. शान्तिक | 9. पौष्टिक |

**स्तम्भन मंत्र**—जिन ध्वनियों के उच्चारण द्वारा सर्प, व्याघ्र, सिंह आदि भयंकर जन्तुओं को, भूत-प्रेत पिशाच आदि दैविक बाधाओं को, शत्रुसेना के आक्रमण तथा अन्य व्यक्तियों द्वारा उत्पन्न किये जाने वाले कष्टों को दूर करके जहाँ के तहाँ स्तम्भित कर दिया जाये, उन ध्वनियों के सन्निवेश को स्तम्भन मंत्र कहते हैं।

**मोहन मंत्र**—जिन ध्वनियों के उच्चारण द्वारा किसी को मोहित कर लिया जाये, उन ध्वनियों के सन्निवेश को मोहन या सम्मोहन मंत्र कहते हैं।

**उच्चाटण मंत्र**—जिन ध्वनियों के उच्चारण द्वारा किसी का मन अस्थिर, उल्लास रहित एवं निरूत्साहित होकर पदभ्रष्ट तथा स्थान भ्रष्ट हो जाये, उन ध्वनियों के सन्निवेश को उच्चाटन मंत्र कहते हैं।

**वश्याकर्षण मंत्र**—जिन ध्वनियों के उच्चारण द्वारा इच्छित वस्तु या व्यक्ति साधक के पास आ जाये अथवा किसी का विरोध मन भी साधक की अनुकूलता स्वीकार कर ले, उन ध्वनियों के सन्निवेश को वश्याकर्षण मंत्र कहते हैं।

**जृम्भण मंत्र**—जिन ध्वनियों के पारस्परिक उच्चारण से शत्रु, भूत प्रेतादि साधक की साधना से भयग्रस्त हो जायें, कापने लगें, उन ध्वनियों के सन्निवेश को जृम्भण मंत्र कहते हैं।

**विद्वेषण मंत्र**—जिन ध्वनियों के उच्चारण से परिवार-कुटुम्ब, जाति, देश, समाज एवं राष्ट्र आदि में परस्पर कलह और वैमनस्य फैल जाये, उन ध्वनियों के सन्निवेश को विद्वेषण मंत्र कहते हैं।

**मारण मंत्र**—जिन ध्वनियों के उच्चारण द्वारा साधक आततायियों को प्राणदण्ड दे सके, उन ध्वनियों के सन्निवेश को मारण मंत्र कहते हैं।

**शान्तिक मंत्र**—जिन ध्वनियों के उच्चारण से भयंकर से भयंकर व्याधि, व्यन्तर-भूत पिशाचादिकों की पीड़ा क्रूर ग्रह, जंगम-स्थावर, विष-बाधा, अतिवृष्टि, दुर्भिक्षादि ईतियों और चोरादि का भय शान्त हो जाये, उन ध्वनियों के सन्निवेश को शान्तिक मंत्र कहते हैं।

**पौष्टिक मंत्र**—जिन ध्वनियों के उच्चारण से सुख-सामग्रियों की

प्राप्ति तथा सन्तान आदि मनोवांछित फल की प्राप्ति होती है, उन ध्वनियों के सन्निवेश को पौष्टिक मंत्र कहते हैं।

यहाँ यह विशेष है कि मंत्रों में एक से तीन ध्वनियों तक मंत्रों का विश्लेषण अर्थ की दृष्टि से नहीं किया जा सकता है, किन्तु इससे अधिक ध्वनियों के मंत्रों का विश्लेषण हो सकता है। मंत्रों से इच्छाशक्ति का परिष्कार या प्रसारण होता है, जिससे अपूर्व शक्ति आती है।

# णमोकार महामंत्र के पदों से उत्पन्न बीजाक्षर

णमोकार महामंत्र के विभिन्न पदों से भिन्न-भिन्न बीजाक्षरों की उत्पत्ति हुई है, इसका कारण है कि णमोकार मंत्र में कण्ठ, तालु, मूर्धन्य, अन्तस्थ, ऊष्म, उपध्मानीय और वत्सर्य आदि सभी ध्वनियों के बीज विद्यमान हैं। बीजाक्षर मंत्रों के प्राण हैं अतः ये बीजकोश स्वयं इस बात को प्रकट करते हैं कि इनकी उत्पत्ति कहाँ से हुई है। बीजकोश में बताया गया है कि-

**ॐ** की उत्पत्ति-समस्त णमोकार मंत्र से।

**ह्रीं** की उत्पत्ति-णमोकार मंत्र के प्रथम पद से।

**श्रीं** की उत्पत्ति-णमोकार मंत्र के द्वितीय पद से।

**क्षीं, क्ष्वीं** की उत्पत्ति-णमोकार मंत्र के प्रथम, द्वितीय और तृतीय पद से

**क्लीं** की उत्पत्ति-णमोकार मंत्र के प्रथम पद में प्रतिपादित तीर्थंकरों की यक्षणियों से।

**हैं** की उत्पत्ति–णमोकार मंत्र के प्रथम पद से।

**द्रां, द्रीं** की उत्पत्ति–णमोकार मंत्र के चतुर्थ पद से।

**ह्रां, ह्रीं, ह्रूं, ह्रौं, ह्रः** की उत्पत्ति–णमोकार मंत्र के प्रथम पद से।

**क्षां, क्षी, क्षूं, क्षें, क्षैं, क्षौं, क्षः** की उत्पत्ति–णमोकार मंत्र के प्रथम द्वितीय और पंचम पद से।

## णमोकार महामंत्र से उत्पन्न बीजाक्षर मंत्र

जैनागम में णमोकार महामंत्र के बीजाक्षरों से संबंधित अगणित मंत्र परिलक्षित होते हैं। उनमें से कुछ विशेष उपयोगी मंत्रों की विवेचना संक्षिप्त में यहां विवेचित की जा रही है–

## पंचत्रिंशत्यक्षरी णमोकार महामंत्र

**णमो अरिहंताणं, णमो सिद्धाणं, णमो आइरियाणं,**

**णमो उवज्झायाणं, णमो लोए सव्वसाहूणं।**

## ऋषिमण्डल मंत्र

ॐ ह्रां ह्रीं ह्रुं ह्रूं ह्रें ह्रैं ह्रौं ह्रः

अ सि आ उ सा सम्यग्दर्शन ज्ञान चारित्रेभ्यो ह्रीं नमः

## पंचविंशत्यक्षरी मंत्र

ॐ जोग्गे मग्गे तच्चे भूदे भव्वे भविस्से अक्खे पक्खे जिण परिस्से स्वाहा।

## त्रयोविंशत्यक्षरी मंत्र

ॐ ह्रां ह्रीं ह्रूं ह्रौं ह्रः अ सि आ उ सा अर्हं सर्वशान्तिं कुरु कुरु स्वाहा।

## द्वाविंशत्यक्षरी मंत्र

ॐ ह्रां ह्रीं ह्रूं ह्रौं ह्रः अर्हत्सिद्धाचार्योपाध्यायसर्वसाधुभ्यो नमः।

## षोडशाक्षरी मंत्र

अर्हत्सिद्धाचार्योपाध्याय सर्व साधुभ्यो नमः।

## पंचदशाक्षरी मंत्र

ॐ श्रीमद् वृषभादि वर्धमानान्तेभ्यो नमः।

## चतुर्दशाक्षरी मंत्र

ॐ ह्रीं स्व र्हं नमो नमोऽर्हंताणं ह्रीं नमः।

## त्रयोदशाक्षरी मंत्र

1. ॐ ह्रां ह्रीं ह्रूं ह्रैं ह्रः अ सि आ उ सा नमः।
2. ॐ ह्रां ह्रीं ह्रूं ह्रौं ह्रः अ सि आ उ सा स्वाहा।
3. ॐ अर्हं सिद्ध सयोग केवलि नमः।

## द्वादशाक्षरी मंत्र

1. ह्रां ह्रीं ह्रूं ह्रौं ह्रः अ सि आ उ सा नमः।
2. ह्रां ह्रीं ह्रूं ह्रौं ह्रः अ सि आ उ सा स्वाहा।
3. अर्हं सिद्ध सयोग केवलि नमः।

## एकादशाक्षरी मंत्र

1. ॐ ह्रां ह्रीं ह्रूं ह्रौं ह्रः अ सि आ उ सा।
2. ॐ श्रीं अरहंत सिद्धेभ्यो नमः।

## दशाक्षरी मंत्र

1. ॐ णमो लोए सव्व साहूणं।
2. ॐ अरिहंत सिद्धेभ्यो नमः।

## नवाक्षरी मंत्र

1. णमो लोए सव्वसाहूणं
2. अरहंत सिद्धेभ्यो नमः।

## अष्टाक्षरी मंत्र

1. ॐ णमो अरिहंताणं।
2. ॐ णमो उपाध्यायेभ्यः।

3. ॐ णमो आइरियाणं।

4. ॐ णमो उवज्झायाणं।

## सप्ताक्षरी मंत्र

1. णमो अरिहंताणं।
2. ॐ ह्रीं श्रीं अर्हं नमः।
3. णमो आइरियाणं।
4. णमो उवज्झायाणं।
5. णमो उपाध्यायेभ्यः।
6. नमः सर्व सिद्धेभ्यः।
7. ॐ श्रीं जिनाय नमः।

## षडक्षरी मंत्र

1. अरहंत सिद्ध।
2. ॐ नमो अर्हते।
3. ॐ ह्रां ह्रीं ह्रूं ह्रौं ह्रः।
4. ॐ नमो अर्हेभ्यः।
5. ह्रीं ॐ ॐ ह्रीं हं सः।
6. ॐ नमः सिद्धेभ्यः।
7. अरहंत सि सा।

## पंचाक्षरी मंत्र

1. अ सि आ उ सा।
2. ह्रां ह्रीं ह्रूं ह्रौं ह्र:।
3. अर्हते सिद्ध।
4. णमो सिद्धाणं।
5. नम: सिद्धेभ्य:।
6. नमो अर्हते।
7. नमो अर्हद्भ्य:।
8. ॐ आचार्येभ्य:।

## चतुराक्षरी मंत्र

1. अरहंत या अरिहंत।
2. अ सि साहू।
3. ॐ सिद्धेभ्य:।

## त्रयाक्षरी मंत्र

1. अर्हंत।
2. ॐ सिद्धं।
3. ॐ अर्हं।

## युग्माक्षरी मंत्र

1. अर्हं।

2. ॐ ह्रीं।

3. सिद्ध।

4. आ, सा।

## एकाक्षरी मंत्र

1. ॐ

2. हं

3. ह्रीं

4. झ्वीं

5. श्रीं

6. क्लीं

7. ऐं

8. अ

9. क्ष्वीं

10. स्वा

11. ह्रां

12. ह्रूं

13. ह्रौं

14. ह्रः

15. क्लं

16. क्रौं

17. श्री

18. श्रं

19. क्षी

20. क्षीं

21. क्षं

22. क्षः

# बीजाक्षर शक्ति एवं प्रयोग

विविध बीजाक्षरों में पृथक्-पृथक् रूप से दिव्य शक्तियां समाविष्ट हैं, जिनका यथानुसार प्रयोग ही अभीष्ट फल को प्रदान करता है, वह बीजाक्षर एवं उनकी प्रयोग विधि निम्न प्रकार है-

**श्रीं** — कीर्तिवाचक।

**ह्रीं** — कल्याण वाचक।

**क्ष्मीं** — शान्तिवाचक।

**अर्हं** — मंगलवाचक।

**ॐ** — सुख वाचक।

**क्ष्वीं** — योगवाचक।

**हं** — विद्वेष, रोषवाचक।

**प्रौं, प्रीं** — स्तम्भवाचक।

**क्लीं** — लक्ष्मी प्राप्ति वाचक।

**सर्व तीर्थंकरों के नाम** — मंगलवाचक।

**यक्ष, यक्षणियों के नाम** — कीर्ति और प्रीतिवाचक।

वश्य, आकर्षण और उच्चाटन में – **ह्रूँ** का प्रयोग।

मरण में –**फट्** का प्रयोग।

स्तम्भ, विद्वेषण और मोहन में — **वषट्** का प्रयोग।

शान्ति और पौष्टिक में –**नमः** का प्रयोग।

मंत्र के अंत में प्रयोग किया जाने वाला **स्वाहा** शब्द पापनाशक, मंगलकारक तथा आत्मा की आन्तरिक शान्ति को दृढ़ करने वाला है।

**स्वाहा** — स्त्रीलिंग।

**वषट्, फट्, स्वधा** — पुल्लिंग।

**नमः** — नपुंसक लिंग।

## बीजाक्षर शक्ति

**ॐ** प्रणव, ध्रुवं, ब्रह्मबीजं, तेजोबीजं वा ॐ तेजोबीजं

**ऐं**-वाग्भव बीजं

**लं**-कामबीजं

**क्रों**-शक्तिबीजं

**हं सः**-विषापहार बीजं

**क्षीं**-पृथ्वी बीजं

**स्वा**-वायुबीजं

**हा**–आकाशबीजं

**ह्रां**–मायाबीजं

**झौं, क्रों**–अंकुशबीजं

**जं**–पाशबीजं

**फट्**–विसर्जनात्मक, चालनं बीजं दूरकरणार्थक

**वौषट्**–पूजा ग्रहणं या आकर्षण बीजं

**ब्लूं**–द्रावण बीजं

**संवौषट्**–आमंत्रण बीजं

**क्लौं, क्लूं**–आकर्षण बीजं

**ग्लौं**–स्तम्भनं बीजं

**ह्रीं, ह्रों**–महाशक्ति बीजं

**वषट्**–आह्वानन् बीजं

**रं**–ज्वलन बीजं

**क्ष्वीं**–विषापहार बीजं

**ठः, उ**–चन्द्रबीजं

**घे, घै**–ग्रहण बीजं

**वै, विंधौ, द्रं**–विद्वेषणं बीजं

**ट्राँ, ट्री, क्लीं, ब्लूं, स**–रोषबीजं वा पंच वाणीद्र

**स्वाहा**–शान्तिकं, मोहक बीजं वा हवनवाचक

**स्वधा**–पौष्टिकं बीजं

**नमः**–शोधन बीजं

**हं**–गगन बीजं

**हं, ह्रं**-ज्ञानबीजं

**यः**-विसर्जन बीजं या उच्चारणवाचक

**पं**-वायुबीजं

**जु, नु**-विद्वेषणं बीजं

**झ्वीं**-अमृतबीजं

**क्ष्वीं**-भोगबीजं

**ह्रौं**-ऋद्धि सिद्धि बीजं

**ह्रां**-सर्व शांति बीजं

**ह्रीं**-सर्व शांति बीजं

**ह्रं**-सर्व शांति बीजं

**ह्रौं**-सर्व शांति बीजं

**ह्रः**-सर्व शांति बीजं

**हे, हूं**-दंड बीजं

**खः**-स्वादन बीजम्

**झौं**-महाशक्ति बीजं

**हम्ल्व्र्यूं**-पिण्डबीजं

**क्ष्वीं, हैं, ह्रीं**-मंगलसुख बीजं

**श्रीं**-कीर्ति बीजं या कल्याण बीजं

**क्लीं**-धनबीजं/कुबेरबीजं

**तीर्थंकर नामाक्षर**-शांति, मांगल्य, कल्याण व विघ्नविनाशक बीजं

**अ**-आकाश या धान्यबीजं

**आ**-सुखबीजं, तेजोबीजं

**ई**-गुणबीजं, तेजोबीजम्

**वा, उ**-वायुबीजं, वाय बीजम्

**क्षां, क्षीं, क्षूं, क्षें, क्षैं, क्षों, क्षौं, क्षं, क्षः**-रक्षा, सर्वकल्याण अथवा सर्वशुद्धि बीजं

**तं, थं, दं**-कालुष्य नाशक, मंगल बर्द्धक, सुखकारकं बीजं

**वं**-द्रवण बीजं

**यं, मं**-मंगल बीजं

**सं**-शोधन बीजं

**यं**-रक्षा बीजं

**झं**-शक्ति बीजं

इन समस्त बीजाक्षरों की उत्पत्ति णमोकार मंत्र तथा इस मंत्र में प्रतिपादित परमेष्ठी के नामाक्षर, तीर्थंकर और यक्ष-यक्षणियों के नामाक्षरों से हुई है। मंत्र के तीन अंग होते हैं-रूप, बीज और फल। जितने भी प्रकार के मंत्र हैं उनमें बीजरूप यह णमोकार मंत्र या इससे निष्पन्न कोई सूक्ष्मत्व रहता है। होम्योपैथिक औषधि के सदृश इस णमोकारमंत्र के सूक्ष्मीकरण द्वारा जितने सूक्ष्म बीजाक्षर अन्य मंत्रों में निहित किये जाते हैं उन मंत्रों की शक्ति उतनी ही बढ़ती जाती है।

इस प्रकार बीजाक्षरों का प्रयोग भिन्न-भिन्न कार्यों के प्रति भिन्न-भिन्न प्रकार से किया जाता है, इन्हीं बीजाक्षरों से मंत्रों की रचना की जाती है।

# मंत्रध्वनि शक्ति

सारस्वत बीज, माया बीज, शुभनेश्वरी बीज, पृथ्वी बीज, अग्नि बीज, प्रणव बीज, मारूत बीज, जलबीज, आकाशबीज आदि की उत्पत्ति उक्त स्वर और व्यंजनों के संयोग से ही हुई है। वैसे तो बीजाक्षरों का अर्थ बीजकोश एवं बीज व्याकरण द्वारा ही ज्ञात किया जा सकता है, परन्तु यहाँ पर सामान्य जानकारी के लिए ध्वनियों की शक्ति पर प्रकाश डालना आवश्यक है–

## वर्णाक्षर संज्ञाएं

अ आ ॠ ह श य क ख ग घ ङ–यह वर्ण वायुतत्त्व संज्ञक हैं।

इ ई ऋ च छ ज भ ज क्ष र ष–यह वर्ण अग्नितत्त्व संज्ञक हैं।

लृ व ल उ ऊ त ट द ड ण–यह वर्ण पृथ्वीतत्त्व संज्ञक हैं।

ए ऐ लृ थ ठ द ध न स–यह वर्ण जलतत्त्व संज्ञक हैं।

ओ औ अं अः प फ ब भ म–यह वर्ण आकाशतत्त्व संज्ञक हैं।

## वर्णाक्षर के लिंग

अ उ ऊ ऐ ओ औ अं क ख ग घ ट ठ ड ढ त थ प फ ब ज झ य स ष ल क्ष वर्ण–पुल्लिंग हैं।

आ ई च छ ल व वर्ण–स्त्रीलिंग हैं।

इ ऋ ॠ लृ ल ए अः ध भ म र ह द ज ण ङ न वर्ण–नपुंसकलिंग हैं।

## ध्वनि वर्ण, मंत्र शास्त्रानुसार

मंत्र शास्त्रों के अनुसार स्वर और व्यंजनादि अक्षर ध्वनियों के वर्ण निम्न प्रकार हैं–

| | |
|---|---|
| स्वर और ऊष्म ध्वनि | ब्राह्मण वर्ण संज्ञक |
| अन्तस्थ और क वर्ग ध्वनि | क्षत्रिय वर्ण संज्ञक |
| च वर्ग और प वर्ग ध्वनि | वैश्य वर्ण संज्ञक |
| ट वर्ग और त वर्ग ध्वनि | शूद्र वर्ण संज्ञक |

**अ**—अव्यय, व्यापक, आत्मा के एकत्व का सूचक, शुद्ध–बुद्ध, ज्ञानरूप शक्ति द्योतक, प्रणव बीज का उत्पादक।

**आ**—अव्यय शक्ति और बुद्धि का परिचायक सारस्वत बीज का जनक, माया बीज के साथ कीर्ति, धन और आशा का पूरक।

**इ**—गत्यर्थक, लक्ष्मीप्राप्ति का साधक, कोमल कार्य साधक, कठोर कर्मों का बाधक व ह्रीं बीज का जनक।

**ई**—अमृत बीज का मूल कार्य साधक, अल्पशक्तिद्योतक, ज्ञानवधक स्तम्भक, मोहक, जृम्भक।

**उ**—उच्चाटन बीजों का मूल, शक्तिशाली, श्वास नलिका द्वारा जोर का धक्का देने पर मारक।

**ऊ**—उच्चाटक और मोहक बीजों का मूल, विशेष शक्ति का परिचालक, कार्यध्वंस हेतु शक्तिदायक।

**ऋ**—ऋद्धिबीज, सिद्धिदायक, शुभकार्य सम्बन्धी बीजों का मूल कार्य सिद्धि का सूचक।

**लृ**—सत्य का संचारक, वाणी का ध्वंसक, लक्ष्मीबीज की उत्पत्ति का कारण, आत्मसिद्धि में कारण।

**ए**—निश्चल, पूर्ण गति-सूचक, अरिष्ट निवारक, बीजों का जनक, पोषक और संवर्द्धक।

**ऐ**—उदन्त, उच्चस्वर का प्रयोग करने पर, वशीकरण बीजों का जनक, पोषक और संवर्द्धक। जलबीज की उत्पत्ति का कारण, सिद्धिप्रद कार्यों का उत्पादक, शासन देवताओं का आह्वानन् करने में सहायक, क्लिष्ट और कठोर कार्यों के लिए प्रयुक्त बीजों का मूल, ऋण विद्युत का उत्पादक।

**ओ**—अनुदात्त, निम्न स्वर की अवस्था में माया बीज का उत्पादक, लक्ष्मी श्री का पोषक, उदात्त, उच्चस्वर की अवस्था में कठोर कार्यों का उत्पादक बीज, कार्य साधक निर्जरा का हेतु, रमणीय पदार्थ की प्राप्ति के लिए प्रयुक्त होने वाले बीजों में अग्रणी, अनुस्वारान्त बीजों का सहयोगी।

**औ**—मारण और उच्चाटन सम्बन्धी बीजों में प्रधान, शीघ्र कार्य साधक, निरपेक्षी, अनेक बीजों का मूल।

**अं**—स्वतन्त्र शक्ति रहित, कर्माभाव के लिए प्रयुक्त ध्यानमंत्रों में प्रमुख, शून्य या अभाव का सूचक, आकाश बीजों का जनक, अनेक मृदुल शक्तियों का उद्घाटक, लक्ष्मी बीजों का मूल।

**अः**—शान्ति बीजों में प्रधान, निरपेक्षावस्था में कार्य असाधक, सहयोगी का अपेक्षक।

**क**—शक्ति बीज, प्रभावशाली, सुखोत्पादक, सन्तान प्राप्ति की कामना का पूरक, कामबीज का जनक।

**ख**—आकाश बीज, अभावकार्यों की सिद्धि के लिए कल्पवृक्ष, उच्चाटन, बीजों का जनक।

**ग**—पृथक करने वाले कार्यों का साधक, प्रणव और माया बीज के साथ कार्य सहायक।

**घ**—स्तम्भक बीज, स्तम्भन कार्यों का साधक, विघ्न विघातक, मारण और मोहक बीजों का जनक।

**ङ**—शत्रु का विध्वंसक, स्वर-मातृका बीजों के सहयोगानुसार फलोत्पादक, विध्वंसक बीज जनक।

**च**—अंगहीन, खण्डितशक्ति द्योतक, स्वरमातृकाबीजों के अनुसार फलोत्पादक, उच्चाटन बीज का जनक।

**छ**—छाया सूचक, माया बीज का सहयोगी, बन्धनकारक, अपबीज का जनक, शक्ति विध्वंसक पर मृदु कार्यों का साधक।

**ज**—नूतन कार्यों का साधक, शक्ति का वर्द्धक, आधि-व्याधि का शामक, आकर्षण बीजों का जनक।

**झ**—रेफयुक्त होने पर कार्य साधक, आधि-व्याधि विनाशक, शक्ति का संचारक, श्री बीजों का जनक।

**ञ**—स्तम्भक और मोहक बीजों का जनक, कार्यसाधक, साधन का अवरोधक, माया बीज का जनक।

**ट**—वह्नि बीज, आग्नेय कार्यों का प्रसारक और निस्तारक, अग्नितत्त्व युक्त, विध्वंसक कार्यों का साधक।

**ठ**—अशुभ सूचक बीजों का जनक, क्लिष्ट और कठोर कार्यों का साधक, मृदुल कार्यों का विनाशक, रोदनकर्ता, अशान्ति का जनक, सापेक्ष होने पर द्विगुणित शक्तियों का विकासक, वह्नि बीज।

**ड**—शासन देवताओं की शक्ति का प्रस्फोटक, निकृष्ट कार्यों की सिद्धि के लिए अमोघ संयोग से पंचतत्व बीजों का जनक, निकृष्ट आचार-विचार द्वारा साफल्योत्पादक, अचेतन क्रिया साधन।

**ढ**—निश्चल, मायाबीज का जनक, मारण बीजों में प्रधान, शान्ति का विरोधक शक्ति वर्द्धक।

**ण**—शान्तिसूचक, आकाश बीजों में प्रधान, ध्वंसक बीजों का जनक, शक्ति स्फोटक।

**त**—आकर्षण बीज, शान्ति का आविष्कारक, कार्यसाधक, सारस्वत बीज के साथ सर्वसिद्धिदायक।

**थ**—मंगलसाधक, लक्ष्मीबीज का सहयोगी, स्वरमातृकाओं के साथ मिलने पर मोहक।

**द**—कर्मनाश के लिये प्रधान बीज, आत्मशक्ति का प्रस्फोटक, वशीकरण बीजों का जनक।

**ध**—श्रीं और क्लीं बीजों का सहायक, सहयोगी के समान फलदाता, मायाबीजों का जनक।

**न**—आत्मसिद्धि का सूचक जलतत्त्व स्रष्टा, मृदुतर कार्यों का साधक, हितैषी, आत्मनियन्ता।

**प**—परमात्मा का दर्शक, जलतत्त्व के प्राधान्य से युक्त, समस्त कार्यों की सिद्धि के लिए ग्राह्य।

**फ**—वायु और जल तत्त्व युक्त महत्वपूर्ण कार्यों की सिद्धि के लिए ग्राह्य स्वर और रेफयुक्त होने पर विध्वंसक, विघ्नविनाशक, फट् की ध्वनि से युक्त होने पर उच्चाटक, कठोर कार्यसाधक।

**ब**—अनुस्वार युक्त होने पर समस्त प्रकार के विघ्नों का विघातक और निरोधक, सिद्धि का सूचक।

**भ**—साधक, विशेषत: मारण और उच्चाटन के लिए उपयोगी सात्विक कार्यों का निरोधक, प्ररिणत कार्यों का तत्काल साधक, साधना में नाना प्रकार से विघ्नोत्पादक, कल्याण से दूर, कटु-मधु वर्णों से मिश्रित होने पर अनेक प्रकार के कार्यों का साधक, लक्ष्मी बीजों का विरोधी।

**म**—सिद्धिदायक, लौकिक और पारलौकिक सिद्धियों का प्रदाता, सन्तान की प्राप्ति में सहायक।

**य**—शान्ति का साधक, सात्विक साधना की सिद्धि का कारण, महत्वपूर्ण कार्यों की सिद्धि के लिए उपयोगी, मित्र प्राप्ति या किसी अभीष्ट वस्तु की प्राप्ति के लिए अत्यंत उपयोगी, ध्यान का साधक।

**र**—अग्निबीज, कार्यसाधक, समस्त प्रधान बीजों का जनक, शक्ति का प्रस्फोटक और वर्द्धक।

**ल**—लक्ष्मीप्राप्ति में सहायक, श्रीं बीज का निकटतम सहयोगी और सगोत्री, कल्याण सूचक।

**व**—सिद्धिदायक, आकर्षक, ह्, र और अनुस्वार के संयोग से चमत्कारों का उत्पादक, सारस्वत बीज, भूत-पिशाच-डाकिनी आदि की बाधा का विनाशक, रोगहर्ता, लौकिक कामनाओं की पूर्ति के लिए अनुस्वार मातृका का सहयोगापेक्षी, मंगलसाधक, विपत्तियों का रोधक और स्तम्भक।

**श**—निरर्थक, सामान्य बीजों का जनक या हेतु, उपेक्षाधर्म युक्त, शान्ति का पोषक।

**ष**—आह्वानन् बीजों का जनक, सिद्धिदायक, अग्निस्तम्भक, जलस्तम्भक, सापेक्ष ध्वनिग्राहक, सहयोग या संयोग द्वारा विलक्षण कार्यसाधक, आत्मोन्नति से शून्य, रूद्रबीजों का जनक, भयंकर और वीभत्सकार्यों के लिए प्रयुक्त होने पर कार्य साधक।

**स**—सर्व समीहित साधक, सभी प्रकार के बीजों में प्रयोग योग्य, शान्ति के लिए परम आवश्यक, पौष्टिक कार्यों के लिए परमोपयोगी ज्ञानावरणी-दर्शनावरणी आदि कर्मों का विनाशक, क्लीं बीज का सहयोगी, कामबीज का उत्पादक, आत्मसूचक और दर्शक।

**ह**—शान्ति, पौष्टिक और मांगलिक कार्यों का उत्पादक, साधना के लिये परमोपयोगी, स्वतन्त्र और सहयोगापेक्षी, लक्ष्मी की उत्पत्ति में साधक, सन्तान प्राप्ति के लिए अनुस्वार युक्त होने पर जाप्य में सहायक, आकाश तत्त्व युक्त, कर्मनाशक, सभी प्रकार के बीजों का जनक।

# शरीरांग में द्वादशांग रूप मातृका बीज-वर्णों का ध्यान

**अ, आ**—मस्तक के दोनों ओर, अनंत दर्शन ज्ञान रूपोऽहं, आनंद रूपोऽहं।

**इ, ई**—आंखों में क्रम से दायीं बायीं ओर ईर्ष्या-रहितोऽहं, ईश्वरोऽहं।

**उ, ऊ**—कर्ण में दायीं बायीं ओर गोत्र रहितोऽहं, उर्ध्वगमन स्वभाव।

**ऋ, ॠ**—नासिका के दायीं बायीं ओर-ऋषिवर रूपोऽहं, ऋष रहितोऽहं।

**ऌ, ॡ**—गण्डस्थल के दायीं बायीं ओर, लोग जालन रहितोऽहं।

**ए, ऐ**—दंत पंक्ति पर-एकत्व स्वरूपोऽहं, ऐन्द्र रहितोऽहं।

**ओ, औ**—दोनों स्कन्धों पर-ओध भाव रहितोऽहं, औपशामिक भाव रहितोऽहं।

**अं**—जिव्हा पर-अनंत सुख स्वरूपोऽहं।

**अः**—सिर पर-आनंद स्वरूपोऽहं।

**क**—दाहिने हाथ पर-कषाय रहितोऽहं।

**ख**—दाहिने हाथ पर-खं इन्द्रिय रहितोऽहं।

**ग**—दाहिने हाथ पर-गति गुण स्थान रहितोऽहं।

**घ**—दाहिने हाथ पर-घातिकर्म रहितोऽहं।

**ङ**—दाहिने हाथ पर-अंग रहितोऽहं।

**च**—बायें हाथ पर-चित् चमत्कार स्वरूपोऽहं।

**छ**—दाहिने हाथ पर-छल रहितोऽहं।

**ज**—दाहिने हाथ पर-जन्म जरा जीव स्थान रहितोऽहं।

**झ**—दाहिने हाथ पर-झंझावात रहितोऽहं।

**ञ**—दाहिने हाथ पर-भारि रहितोऽहं।

**ट**—दायीं ओर हृदय पर-टंकोंत्कीर्ण ज्योति रूपोऽहं।

**ठ**—दायीं ओर हृदय पर-ठाण (जीवस्थान) रहितोऽहं।

**ड**—दायीं ओर हृदय पर-डर रहितोऽहं।

**ढ**—दायीं ओर हृदय पर-ढोंग रहितोऽहं।

**ण**—दायीं ओर हृदय पर-णिम्भलोऽहं।

**त**—बायीं ओर हृदय पर-तीर्थंकर स्वरूपोऽहं

**थ**—बायीं ओर हृदय पर-थावर नामकर्म रहितोऽहं।

**द**—बायीं ओर हृदय पर-देवाधिदेव स्वरूपोऽहं।

**ध**—बायीं ओर हृदय पर-धर्म स्वरूपोऽहं।

**न**—बायीं ओर हृदय पर-नर नारकादि पर्याय रहितोऽहं।

**प**—दायें पैर (जंघा स्थान)-पुण्य पाप रहितोऽहं।

**फ**—बायें पैर (जंघा स्थान)-स्पर्श रहितोऽहं।

**ब**—गुह्य इन्द्रिय पर-बंध रहितोऽहं।

**भ**—नाभि पर-भगवत् स्वरूपोऽहं।

**म**—पृष्ठ भाग पर-ममता रहितोऽहं।

**य**—हृदय पर-यतिवर स्वरूपोऽहं।

**र**—सिर पर-राग-द्वेषादि रहितोऽहं।

**ल**—पीछे गर्दन पर-लिंगातीतोऽहं।

**व**—गले पर-वीतरागोऽहं।

**श**—पैरों के पंजों पर-शरीरातीतोऽहं।

**ष**—पैरों पर बीच में-षट्काय रहितोऽहं।

**स**—पैरों के पंजों पर-संसारातीतोऽहं।

**ह**—हृदय पर-हास्यादि कर्म रहितोऽहं।

**क्ष**—हृदय पर-समा स्वरूपोऽहं।

**त्र**—हृदय पर-त्रिकालज्ञोऽहं।

**ज्ञ**—हृदय पर-ज्ञायक भाव युक्तोऽहं।

# मंत्र साधना खण्ड

# णमोकार महामंत्र की साधना

जैन मान्यता में णमोकार मंत्र एक महामंत्र है। इसकी शक्ति अमोघ है और प्रभाव अचिन्त्य। इसकी साधना से साधक को लौकिक और पारलौकिक सभी प्रकार की उपलब्धियाँ प्राप्त होती हैं। शारीरिक और मानसिक स्वस्थता तथा शान्ति प्राप्त होती है और आध्यात्मिक उत्कर्ष होता है। कषायों की क्षीणता होती है। साधक वीतरागता की ओर बढ़ता है। अपने अहं का विसर्जन करके साधक अर्हं की स्थिति पर पहुँचने के लिए प्रयत्नशील होता है।

## अद्भुत वैज्ञानिक संयोजन

णमोकार महामंत्र के वर्णों के संयोजन पर विचार करें तो यह बड़ा अद्भुत है और पूर्ण वैज्ञानिक लगता है। जैन परम्परा इस मंत्र को अनादि (द्रव्य दृष्टि से) मानती है; किन्तु यदि यह मान भी लिया जाए कि इस मंत्र का संयोजन किसी महामनीषी ने किया तो उसकी अद्भुत मेधा के सम्मुख नतमस्तक होना ही पड़ता है कि उसने आध्यात्मिक विज्ञान की दृष्टि से तो पूर्ण संयोजन किया ही, किन्तु भौतिक विज्ञान की दृष्टि से भी

यह पूर्ण है, खरा है। इसके बीजाक्षरों को जब आप आधुनिक शब्द-विज्ञान की कसौटी पर कसेंगे तो पायेंगे कि इनमें विलक्षण ऊर्जा और शक्ति का भण्डार छिपा है।

इस मंत्र में 5 पद हैं, 35 अक्षर हैं 58 मात्राएं हैं और 68 वर्ण हैं।[1] इन सभी में से प्रत्येक का अपना विशिष्ट अर्थ है, प्रयोजन है, विशिष्ट शक्ति है, ऊर्जा उत्पादन की क्षमता है; जो आध्यात्मिक और भौतिक दोनों ही दृष्टियों से बहुत महत्त्वपूर्ण है।

आप इस महामंत्र के पहले पद को लीजिए। पहला पद है–**णमो अरिहंताणं**।

'णमो अरिहंताणं' में 13 वर्ण, अक्षर 7, स्वर 7, व्यंजन 6, नासिक्य व्यंजन 3 और नासिक्य स्वर 2 हैं।

तत्त्व की दृष्टि से 'इ' (मातृका वर्ण के रूप में) और 'र' अग्नि बीज हैं, 'अ' और 'ता' वायु बीज हैं, 'हं', 'णमो' और 'णं' आकाश बीज हैं। यानी इस पद में अग्नि, वायु और आकाश तीनों तत्त्व मौजूद हैं।

अग्नि तत्त्व के कारण अशुभ कर्मों की निर्जरा अधिक होती है, वायु तत्त्व निर्जरित कर्म-रज को उड़ाकर साफ कर देता है और आकाश तत्त्व भौतिक दृष्टि से साधक के चारों ओर एक कवच निर्मित करता है, साधक की प्रतिबन्धक शक्ति को बढ़ाता है, जिससे बाहर के विकार उसकी आत्मा, मन और शरीर में प्रवेश न कर सकें तथा आध्यात्मिक

---

1. स्वर और व्यंजन अलग-अलग वर्ण कहलाते हैं। कोई भी व्यंजन स्वर के संयोग से ही पूर्ण होता है, अन्यथा अधूरा होता है; जैसे– क् + अ = क। इस अपेक्षा से प्रत्येक व्यंजन में दो वर्ण होते हैं; किन्तु स्वर स्वयं पूर्ण होता है, उसे व्यंजन की अपेक्षा नहीं होती, अतः स्वर जैसे 'अ' में एक वर्ण माना जाता है।

दृष्टि से साधक के आत्म-गुणों को अनन्त आकाश में व्याप्त करता है, उन्हें आकाश-व्यापी बनाता है। आकाश है ही अनन्तता (infinity) का प्रतीक।

अब जरा रंग संयोजन पर आइये। मंत्रशास्त्रों में साधक को निर्देश दिया गया है कि 'णमो अरिहंताणं' पद का ध्यान श्वेत[2] रंग में करे।

आज विज्ञान का साधारण विद्यार्थी भी जानता है कि बैंगनी, गहरा नीला, हल्का नीला, पीला, हरा, नारंगी और लाल इन रंगों के बिन्दु किसी प्लेट (spectrum) पर बनाकर उस प्लेट को तीव्र गति से घुमा दिया जाए तो ये सभी रंग दब जायेंगे और सफेद रंग का धब्बा ही दिखाई देगा।

'णमो अरिहंताणं' पद में भी सात अक्षर हैं, वर्ण और बीज हैं, तत्त्व हैं, उनके अपने-अपने रंग हैं और उन रंगों का सम्मिलित प्रभाव भी है।

---

2. 'णमो अरिहंताणं' पद का सफेद रंग, 'णमो सिद्धाणं' पद का लाल रंग, 'णमो आयरियाणं' पद का पीला रंग, 'णमो उवज्झायाण' पद का नीला अथवा हरा रंग और 'णमो लोए सव्वसाहूणं' का काला रंग-इन पदों की अपेक्षा से माना गया है। इन पदों में वर्ण संयोजन ही इस ढंग से हुआ है कि जब साधक अपनी प्राणधारा से इन पदों की अनुप्राणित करता है तब ये रंग स्वयं ही प्रगट होते हैं और अपनी शक्ति तथा चमत्कार दिखते हैं।

किन्तु अरिहंत भगवान का सफेद रंग, सिद्ध भगवान का लाल रंग, आचार्य देव का पीला रंग, उपाध्यायजी का नीला-हरा रंग और साधुजी का काला रंग नहीं है। सिद्ध भगवान तो अवर्ण ही हैं; शेष चारों परमेष्ठी का भी सफेद, पीला, नीला-हरा, काला रंग नहीं है। अतः जहाँ ऐसा उल्लेख है कि 'साधक को अमुक परमेष्ठी की आराधना अमुक रंग में करनी चाहिए' वहाँ उस परमेष्ठी के वाचक पद की साधना समझनी चाहिए, न कि परमेष्ठी का रंग।

और वह सम्मिलित प्रभाव श्वेत वर्ण रूप है। श्वेत वर्ण शान्ति, समता, शुभ्रता, सात्विकता आदि का प्रतीक है।

अब लीजिए दूसरा पद–**णमो सिद्धाणं**।

'णमो सिद्धाणं' पद में 11 वर्ण, 5 अक्षर, 5 स्वर, 6 व्यंजन, 3 नासिक्य व्यंजन और 2 नासिक्य[3] स्वर हैं।

तत्त्वों की दृष्टि से 'णमो' और 'णं' आकाश तत्त्व, 'स' और 'द' जल तत्त्व, 'ध' पृथ्वी तत्त्व और 'इ' (मातृका वर्ण के रूप में) अग्नि तत्त्व हैं। यानी इस पद में पृथ्वी, अग्नि, जल और आकाश ये सभी तत्त्व मौजूद हैं।

---

3. नासिक्य या अनुनासिक वर्णों का मंत्रशास्त्र में अत्यधिक महत्त्व है। इन वर्णों के उच्चारण में नासिका तंत्र का विशेष रूप से प्रयोग होता है तथा इनके उपांशु उच्चारण के समय ध्वनि तरंगें सीधी ब्रह्मरंध्र तथा मस्तिष्क के ज्ञानवाही और क्रियावाही तंतुओं से टकराती हैं, अतः अत्यधिक ऊर्जा उत्पन्न होती है।

भाषा-शास्त्र की दृष्टि 'ङ' 'ञ' 'ण' 'न' 'म' ये अनुनासिक वर्ण हैं। इनमें 'ण' और अनुस्वर (ं) ये दोनों विशिष्ट शक्ति उत्पन्न करने वाले हैं।

मंत्रशास्त्र की दृष्टि से ये बीजाक्षर हैं तथा वे मंत्र अधिक प्रभावशाली होते हैं जिनमें अनुनासिक वर्णों की प्रचुरता हो। ह्रीं, श्रीं, क्लीं, ओं आदि सभी बीजाक्षर अन्त में अनुनासिक हैं।

नवकार महामंत्र की यह बहुत बड़ी विशेषता है कि इसके प्रत्येक पद का आरम्भ तथा अन्त अनुनासिक वर्णों से हुआ है। प्रत्येक पद में कम से कम चार नासिक्य वर्ण तो हैं ही, किसी-किसी में अधिक भी हैं। इन अनुनासिक वर्णों के कारण सामान्य मंत्रों की अपेक्षा शत-सहस्र गुनी ऊर्जा इसके जाप से साधक के मन-मस्तिष्क में उत्पन्न होती है।

अब जरा इस पद में 'द्धा' वर्ण का विश्लेषण करिए। 'ध' वर्ण धारणा शक्ति को प्रबल करता है तो 'द्' व्युत्सर्ग (अहंकार-मकार का व्युत्सर्ग-क्योंकि 'द्' दमन (इन्द्रिय दमन), दान आदि की ओर संकेत करता है, साथ ही जल तत्त्व होने के कारण यह शीतलताप्रदायक है और आध्यात्मिक शान्ति-शीतलता 'अहं' और 'मम' के विसर्जन से ही प्राप्त हो सकती है।) की प्रेरणा देता है।

ध्वनिविज्ञान के अनुसार जब 'द्धा' वर्ण का उच्चारण तालु, जिह्वा को स्थिर करके तथा होठों को बन्द करके केवल कंठ स्थित स्वर यंत्र से किया जाता है तो ध्वनि तरंगें सीधी मूर्धा, ललाट और मस्तिष्क से टकराती हैं। इसीलिए साधक जब उपांशु जप में 'द्धा' का उच्चारण करता है तो उसे विलक्षण ऊर्जा (शक्ति व स्फूर्ति) का अनुभव होता है।

साधक इस पद की साधना लाल रंग में करता है।

इस महामंत्र का तीसरा पद है-'**णमो आयरियाणं**'।

'णमो आयरियाणं' पद में 12 वर्ण, 7 अक्षर, 7 स्वर, 5 व्यंजन, 5 नासिक्य व्यंजन और 5 नासिक्य स्वर हैं।

तत्त्वों की दृष्टि से 'णमो' और 'णं' आकाश तत्त्व, 'आ' 'य' और 'या' वायु तत्त्व, 'रि' अग्नि तत्त्व है। यानी इस पद में वायु, अग्नि और आकाश-ये तीनों तत्त्व मौजूद हैं। समवेत रूप से पूरे पद का वर्ण पीला है।

इसीलिए साधक इस पद की साधना पीले रंग में करता है। पीला रंग साधक के ज्ञानावाही तंतुओं को अधिक संवेदनशील और शक्तिशाली बनाता है। यह रंग ज्ञानवाही और क्रियावाही तंतुओं के बीच सेतु का काम करता है।

चौथा पद है-'**णमो उवज्झायाणं**'

'णमो उवज्झायाणं' पद में 14 वर्ण, 7 अक्षर, 7 स्वर, 7 व्यंजन हैं।

तत्त्वों की अपेक्षा से 'णमो' और 'णं' आकाश तत्त्व, 'उ' और 'ज्' पृथ्वी तत्त्व, 'व' और 'झा' जल तत्त्व तथा 'य' वायु तत्त्व है। इस प्रकार इस पद में पृथ्वी, जल, वायु और आकाश—इन चारों तत्त्वों का उचित समन्वस है। इस पद का समवेत रंग निरभ्र आकाश के समान हल्का नीला अथवा हरा है।

नीला-हरा रंग शान्ति-प्रदायक है। इससे साधक में क्षमाशीलता और तितिक्षा भाव का विकास होता है, वह क्रोधविजयी बनता है।

विशेष ध्यान देने की बात यह है कि इस पद में एक भी अग्नि तत्त्व का वर्ण नहीं है। इसीलिए यह पद साधक के लिए शीतलता-प्रदायक है और उसमें समताभाव का विकास करने वाला है।

पाँचवा पद है—**णमो लोए सव्वसाहूणं**।

'णमो लोए सव्वसाहूणं' पद में 18 वर्ण, 9 अक्षर, 9 स्वर, 9 व्यंजन, अनुनासिक व्यंजन 3 और अनुनासिक स्वर 1 है।

तत्त्वों की दृष्टि से 'णमो' 'हू' और 'णं' आकाश तत्त्व है, 'लो' पृथ्वी तत्त्व है, 'ए' वायु तत्त्व है, और 'स', 'व्व', 'सा' जल तत्त्व है। यानी इस पद में पृथ्वी, वायु, जल और आकाश—ये चारों तत्त्व हैं। इनमें भी आकाश तत्त्व का रंग गहरा नीला या काला माना गया है अतः इस पद का रंग भी काला है; किन्तु पृथ्वी और जल तत्त्व की विशेष अवस्थिति होने के कारण यह काला वर्ण अंजन के समान काला न होकर कस्तूरी के समान चमकदार काला रंग होता है। इस पद की साधना करने वाला साधक इस पद को कस्तूरी जैसे काले चमकदार रंग से रंगा हुआ मानकर साधना करता है।

# णमोकार महामन्त्र की साधना की विधि

साधना के लिए सर्वप्रथम द्रव्य-शुद्धि, क्षेत्र-शुद्धि काल-शुद्धि और भाव-शुद्धि करके किसी भी आसन; यथा-पद्मासन, कायोत्सर्गासन आदि से अवस्थित हो जाइये। आसन अपनी शक्ति और शारीरिक क्षमता के अनुसार ऐसा ग्रहण करें, जिसमें सुखपूर्वक अधिक समय तक अपने शरीर को स्थिर रख सकें; क्योंकि शारीरिक स्थिरता पर ही मानसिक स्थिरता निर्भर करती है।

इतनी तैयारी करने के बाद अब णमोकार मंत्र की साधना प्रारम्भ कीजिए–

### णमो अरिहंताणं

ध्यान का स्थान-ज्ञान केन्द्र (आज्ञाचक्र-ललाट-भ्रूमध्य) अपने मन को ज्ञान केन्द्र पर एकाग्र करिए। साथ ही श्वेत वर्ण हो।

इस पद की साधना के चार सोपान हैं–(1) अक्षर ध्यान (2) पद ध्यान (3) पद के अर्थ का ध्यान और (4) अर्हत स्वरूप का ध्यान।

**प्रथम सोपान**—इसमें इस प्रथम पद 'णमो अरिहंताणं' के एक-एक अक्षर का ध्यान किया जाता है।

नासाग्र दृष्टि रखकर अथवा पलक बन्द करके सर्वप्रथम 'ण' अक्षर का ध्यान करें। ऐसा महसूस हो जैसे अनन्त आकाश में श्वेत वर्ण का-स्फटिक के समान श्वेत वर्ण का 'ण' अक्षर उभर रहा है। वह अक्षर लगभग 1 मीटर (तीन फीट) लम्बा है। बहुत ही चमकदार है। उसमें से श्वेत रंग की प्रकाश किरणें निकल रही हैं। उसकी ज्योति चारों ओर फैल रही है। उससे समूचा आकाश ही सफेद रंग का हो गया है।

इसके उपरान्त उस अक्षर के आकार को घटाते जायें, कम करते जायें और बिन्दु के समान अति सूक्ष्म कर लें; किन्तु ज्यों-ज्यों अक्षर का आकार घटे उसकी चमक बढ़ती जानी चाहिए।

इसी प्रकार इस पद के शेष अक्षरों 'मो' 'अ' 'रि' 'हं' 'ता' 'णं' को कल्पना से लिख और उनका ध्यान करें।

**द्वितीय सोपान**—अब सम्पूर्ण 'णमो अरिहताणं' पद का ध्यान करें। इस पूरे पद को साक्षात अनन्त आकाश में लिखा देखें। पहले इसके स्थूल रूप, अर्थात् बड़े-बड़े अक्षरों का ध्यान करें; फिर समूचे पद का आकार घटाते जायें किन्तु चमक बढ़ाते जायें और इसे बिन्दु तक ले आएं। फिर आकार बढ़ाएं और समस्त आकाश में व्याप्त कर दें, तदुपरान्त आकार घटाते हुए बिन्दु तक ले आएं। इस घटाने-बढ़ाने के क्रम में चमक बढ़ती रहनी चाहिए और सम्पूर्ण आकाश स्फटिक के समान श्वेत रहना चाहिए।

इस प्रकार इस पूरे पद का बार-बार ध्यान करें और अभ्यास इतना दृढ़ कर लें कि जब भी आप इच्छा करें और पलके बन्द करे तो यह पूरा पद आपको श्वेत वर्णी दिखाई देने लगे।

**तृतीय सोपान**—इस पद को श्वेत वर्ण से लिखा हुआ देखने के साथ-साथ इस पद के अर्थ का चिन्तन करें। इस पद का अर्थ है-अरिहंतों को नमस्कार। अरिहंत अनन्त चतुष्टय के धनी होते हैं। अनन्त चतुष्टय हैं-अनन्त दर्शन, अनन्त ज्ञान, अनन्त सुख और अनन्त वीर्य। अरिहंत-अठारह दोषों से रहित होते हैं, हित-मित-प्रिय वचन बोलते हैं, सर्वज्ञ-सर्वदर्शी होते हैं, आदि-आदि...। अरिहंतों के गुणों का चिन्तवन करें।

लेकिन चिन्तवन में ऐसा न हो कि इस पद को जो आप श्वेत रंग से लिखा हुआ देख रहे हैं, वह ओझल हो जाए, अथवा मन का एकीकरण ज्ञान केन्द्र से हट जाए। पद का साक्षात् दिखाई देना और पद के अर्थ का ध्यान दोनों साथ-साथ चलते रहें। इसका भी दृढ़ अभ्यास कर लें।

**चौथा सोपान**—अब अरिहंत के स्वरूप का ध्यान करें। स्फटिक के समान श्वेतवर्णी, निर्मल अरिहंत की पुरुषाकृति का ध्यान ज्ञान केन्द्र में करें। उसके आकार को बढ़ाते हुए अपने सम्पूर्ण शरीर के आकार का बना लें और फिर घटाते हुए ज्ञानकेन्द्र में अति सूक्ष्म बना लें। किन्तु उस पुरुषाकृति की चमक, ज्योति बढ़ती रहनी चाहिए। इस प्रकार बार-बार करके अभ्यास इतना दृढ़ कर लें कि पलक बन्द करते ही अरिहंत की आकृति प्रत्यक्ष दिखाई देने लगे।

**श्वेत रंग, ज्ञान केन्द्र और 'णमो अरिहंताणं' पद से चेतना का जागरण होता है, ज्ञानशक्ति जागृत होती है, मानसिक एवं शारीरिक स्वस्थता प्राप्त होती है तथा शुद्ध, शुभ और सात्विक भाव जागते हैं।**

यह 'णमो अरिहंताणं' पद की साधना है।

## णमो सिद्धाणं

अब 'णमो सिद्धाणं' पद की साधना करें। इसके भी चार सोपान हैं–(1) अक्षर ध्यान (2) पद ध्यान (3) पद के अर्थ का ध्यान (4) सिद्ध स्वरूप का ध्यान।

'णमो सिद्धाणं' पद के ध्यान का स्थान दर्शन केन्द्र (सहस्रार-मस्तिष्क-ब्रह्मरन्ध्र) है; अर्थात् चित्तवृत्ति को दर्शन केन्द्र पर एकाग्र करिए। इस पद का वर्ण बालसूर्य जैसा लाल (अरुण) है। अत: इस पद की साधना लाल रंग में की जाती है।

**प्रथम सोपान**—इसमें भी एक-एक अक्षर की साधना की जाती है, एक-एक अक्षर को प्रत्यक्ष किया जाता है।

बाल सूर्य के अरुण रंग के 'ण' 'मो' 'सि' 'द्धा' 'णं' का अलग-अलग क्रमश: ध्यान साधक करता है।

**द्वितीय सोपान**-में अरुण रंग में लिखे हुए सम्पूर्ण पद 'णमो सिद्धाणं' का ध्यान किया जाता है।

**तीसरे सोपान**-में इस पद के अर्थ का चिन्तन किया जाता है, सिद्धों के गुणों पर विचार किया जाता है। जैसे–सिद्ध भगवान अविनाशी हैं, अविकार हैं, अनन्त सुख में लीन हैं, अरुज हैं, अपुनर्जन्मा हैं, शाश्वत हैं आदि-आदि।

**चौथे सोपान**-में साधक सिद्ध के स्वरूप का ध्यान करता है। अपने दर्शन केन्द्र और फिर सम्पूर्ण शरीर से बाल सूर्य के समान निर्मल ज्योति के प्रस्फुटन और विकीर्णन को साक्षात देखता है, ज्ञान नेत्रों से देखता-जानता है और अनुभव करता है।

इस सम्पूर्ण प्रक्रिया में साधक लाल रंगमयी सम्पूर्ण सृष्टि को देखता है। लाल रंग प्रमाद और आलस्य को कम करता है, अत: साधक में उल्लास और उत्साह जागता है, जड़ता का नाश होकर स्फूर्ति आती है।

लाल वर्ण, दर्शन केन्द्र और 'णमो सिद्धाणं' पद—इन तीनों का संयोग आन्तरिक दृष्टि से जागृत एवं विकसित करने का अनुपम साधन है। अक्षरों को दीर्घ और सूक्ष्म करने से यह आन्तरिक दृष्टि और भी तीव्रता से विकसित होती है।

यह 'णमो सिद्धाणं' पद की साधना है।

## णमो आयरियाणं

इस पद का ध्यान विशुद्धि केन्द्र (कण्ठस्थान) पर मन को एकाग्र करके किया जाता है। इस पद की साधना दीप शिखा के समान पीत वर्ण (पीले रंग) में की जाती है।

इसकी साधना भी चार सोपानों में की जाती है।

**प्रथम सोपान**-में साधक पीत वर्णमयी 'ण' अक्षर का ध्यान करता है। उस समय वह प्रत्यक्ष देखता है कि इस अक्षर की पीत प्रभा से सम्पूर्ण संसार सोने के समान पीला हो गया है।

उसके बाद 'मो' 'आ' 'य' 'रि' 'या' 'णं' इन सभी वर्णों का क्रमशः पीत रंग में ध्यान करता है।

अक्षरों को सूक्ष्म और विशाल करने का क्रम यहाँ भी चलता है।

**दूसरे सोपान**-में साधक इसी प्रकार सम्पूर्ण पद 'णमो आयरियाणं' का पीत रंग में ध्यान करता है। पूरे पद को विशाल और सूक्ष्म बनाकर अपने ध्यान को दृढ़ करता है।

**तीसरे सोपान**-में 'णमो आयरियाणं' पद में अर्थ का चिन्तन करें। आचार्यदेव के गुणों का चिन्तवन करें।

**चौथे सोपान**-में आचार्य के स्वरूप का ध्यान करें। स्व-पर-प्रकाश दीपशिखा के समान पीत वर्ण की साधन करें, देखें और अपने शरीर के कण-कण और अणु-अणु से निकलती पीले रंग की प्रभा को देखें।

**योगशास्त्रों में विशुद्धि केन्द्र का काफी महत्त्व है। इसका स्थान कंठ है। यह प्राणी के आवेगों-संवेगों को नियन्त्रित करता है। वैज्ञानिक यहाँ थाइराइड ग्रंथि मानते हैं और उसे आवेगों का नियामक स्वीकार करते हैं।**

पीला रंग ज्ञान वृद्धि में सहायक होता है, ज्ञान तंतुओं को बलशाली बनाता है।

**विशुद्धि केन्द्र, पीले रंग और 'णमो आयरियाणं' पद—इन तीनों के संयोजित ध्यान-साधना से साधक के आवेग-संवेगों का नाश होता है, उसकी चित्तवृत्तियाँ उपशांत होती हैं।**

यह णमोकार मंत्र के तीसरे पद 'णमो आयरियाणं' की साधना है।

## णमो उवज्झायाणं

इस पद का ध्यान आनन्द केन्द्र (हृदय कमल) में मन को एकाग्र करके किया जाता है तथा इस पद का वर्ण निरभ्र आकाश जैसा नील वर्ण है।

इस पद की साधना के भी चार सोपान है। प्रथम सोपान में साधक अक्षरों का ध्यान करता है। दूसरे सोपान में पूरे पद का ध्यान करता है। तीसरे सोपान में इस पद के अर्थ का तथा उपाध्यायजी के गुणों का चिन्तन करता है। चौथे पद में वह उपाध्यायजी के स्वरूप का ध्यान करता है।

यह सम्पूर्ण ध्यान साधक हरे रंग में करता है।

हरा रंग शांति-प्रदायक है, तथा कषायों और उनके आवेग को शान्त करता है। जैसे-क्रोध के आवेग के समय यदि साधक हरे रंग का ध्यान करे तो क्रोध उपशांत हो जायेगा। यह रंग आत्मसाक्षात्कार में भी सहायक तथा समाधि और चित्त की एकाग्रता में निमित्त बनता है।

**आनन्द केन्द्र, हरे रंग और 'णमो उवज्झायाणं' पद—इन तीनों के संयोग के साधक की हृदयगत कषायधारा उपशांत होती है, उसकी चिततवृत्ति एकाग्र होती है तथा समाधि में साधक अवस्थित होता है।**

यह णमोकार मंत्र के चौथे पद 'णमो उवज्झायाणं' की साधना है।

## णमो लोए सव्वसाहूणं

इस पद की साधना शक्ति केन्द्र (मणिपूर चक्र-नाभि कमल-नाभि-स्थान) में चित्त की वृत्ति को एकाग्र करके की जाती है, तथा इस पद का वर्ण श्याम (काला) है-कस्तूरी जैसा चमकदार काला।

इस पद का ध्यान भी चार सोपानों में किया जाता है।

सम्पूर्ण साधना विधि पहले जैसी ही है। विशेष यह है कि इस पद का ध्यान श्याम वर्ण में किया जाता है।

यद्यपि साधारणतया लोक प्रचलित मान्यता के अनुसार श्याम वर्ण अप्रशस्त है; किन्तु योग में श्याम वर्ण का अत्यधिक महत्त्व है। चमकदार काला रंग अवशोषक होता है, वह अन्दर की ऊर्जा को बाहर नहीं जाने देता है और बाहर के कुप्रभाव को अन्दर नहीं आने देता। काले रंग की साधना से साधक एक प्रकार से outer proof हो जाता है।

शक्ति केन्द्र, श्याम वर्ण और 'णमो लोए सव्वसाहूणं' के संयोग से साधक कष्ट-सहिष्णु, उपसर्ग-परीषह को समभाव से सहन करने में सक्षम हो जाता है। बाह्य निमित्तों से अप्रभावित रहने के कारण वह इन्द्रिय और मनोविजेता बन जाता है। मनोविजय से उसकी प्राणधारा शुद्ध होती है और वह प्राणधारा शक्ति केन्द्र को बलशाली बनाती है, उसकी शक्ति और चेतना ऊर्ध्व गति की ओर संचरण करने लगती है, चेतनाधारा का ऊर्ध्वारोहण होता है।

यह णमोकार मंत्र के पाँचवें और अन्तिम पद 'णमो लोए सव्वसाहूणं' की साधना है।

**विशेष**—इन पाँचों पदों की इस विशिष्ट साधना से कुछ विशिष्ट लाभों की प्राप्ति भी साधक को होती है। जिसका विवेचन यहाँ दिया गया है–

'**णमो अरिहंताणं**' पद की साधना से साधक की आत्मा का आवरण (ज्ञानावरण, दर्शनावरण कर्म का आवरण) और अन्तराय कर्म का क्षय होता है, उसकी ध्वंस शक्ति-बुराइयों को विनाश करने की शक्ति-प्रचण्ड बनती है तथा उसकी दिव्य श्रवण शक्ति का विकास होता है।

'**णमो सिद्धाणं**' पद की साधना से शाश्वत सुख की अनुभूति होती है, कार्य साधिका शक्ति प्रखर होती है, ज्ञान शक्ति का विकास होता है, दिव्य दृष्टि प्राप्त होती है।

'**णमो आयरियाणं**' पद की साधना से साधक की बौद्धिक शक्तियाँ और क्षमताएँ विकसित होती हैं, प्रातिभा और अतीन्द्रिय ज्ञान की प्राप्ति होती है। शरीर से दिव्य सुगंधि प्रसारित होती है। आचार शुद्धि एवं अनुशासन शक्ति विकसित होती है।

'**णमो उवज्झायाणं**' पद की साधना से साधक को मानसिक शान्ति की उपलब्धि होती है, स्मरण शक्ति प्रखर एवं धारणा शक्ति सुदृढ़ होती है। विकट समस्याओं का भी अनायास समाधान हो जाता है, अमृत के समान अनुपम रस की अनुभूति होती रहती है।

'**णमो लोए सव्वसाहूणं**' पद की साधना से साधक की काम वासना, विषय भोगों और काम-भोगों की इच्छा समाप्त हो जाती है, उसके लिए बाह्य कर्कश एवं कठोर स्पर्श भी दुःखदायी नहीं रहते, दुःखद अनुभूतियाँ सुखद हो जाती हैं।

# णमोकार महामन्त्र की साधना की एक और विधि

णमोकार मंत्र के पाँचों पदों की साधना की साधक के लिए एक और सरल विधि है।

द्रव्य, क्षेत्र, काल और भाव-शुद्धि करके साधक किसी भी आसन में अवस्थित होकर ध्यान करना शुरू करे।

चिन्तन करे कि वह एक पर्वत शिखर पर बैठा है। पर्वत तथा सम्पूर्ण सृष्टि और यहाँ तक कि स्वयं को भी स्फटिक के समान श्वेत रंग का देखे, चिन्तन करे। ऐसा ध्यान करे कि रात्रि का चौथा प्रहर है। उसके शुभ्रचिन्तन से सम्पूर्ण दिशा-विदिशाएँ श्वेत हो गई हैं तथा शुभ्र चन्द्र की शुभ्र ज्योत्स्ना से सम्पूर्ण अग-जग नहा रहा है। अत्यन्त चमकीला, किरणें बिखेरता हुआ कोटि चन्द्रों की प्रभा से भी अधिक प्रभावक **'णमो अरिहंताणं'** पद आकाश में उभर रहा है और अधिकाधिक चमकीला होता जा रहा है।

इस प्रकार **'णमो अरिहंताणं'** पद की साधना करें।

फिर ऐसा चिन्तन करे कि प्रात:कालीन सूर्य (बाल सूर्य) का उदय हो रहा है, जिसमें सम्पूर्ण दिशा-विदिशाएं लाल हो गई हैं। कोटि सूर्यों की प्रभा को भी लज्जित करता हुआ, अरुण (लाल) वर्ण की राशिमाँ बिखेरता हुआ **'णमो सिद्धाणं'** पद उभर आया है। उसने साधक को भी अरुण कर दिया है।

इस अरुण वर्ण के **'णमो सिद्धाणं'** पद में साधक तल्लीन बना रहे, तन्मय हो जाए।

तदुपरान्त ऐसा चिन्तन करे कि दोपहर की धूप-पीले रंग की सूर्य रश्मियाँ फैली हुई हैं। सम्पूर्ण जगत सुनहरी (स्वर्ण के समान पीले रंग वाला) हो गया है। उसमें से अत्यधिक स्फुरायमान-कोटि-कोटि स्वर्ण-रश्मियाँ किरणें बिखेरता हुआ **'णमो आयरियाणं'** पद उभर आया है।

साधक इस पद के दर्शन में (देखने में) तल्लीन हो जाए।

फिर यह विचारे कि आसमान बिल्कुल ही साफ है, न वहाँ सूर्य का प्रकाश है और न चन्द्र का ही प्रकाश। आसमान अपने सहज-स्वाभाविक रूप में है, उसका वर्ण हल्का नीला है। उसमें से अत्यधिक चमकीला **'णमो उवज्झायाणं'** पद उभर आया है। उसकी किरणें बहुत ही सौम्य और शीतलदायक हैं। साधक का अपना तन-मन और चेतना-सभी कुछ अनुपम शीतलता का अनुभव करने लगें। इस प्रकार शीतलता का अनुभव करता हुआ साधक इस पद के ध्यान में तन्मय और तल्लीन हो जाए।

इसके बाद साधक चिन्तन करे कि अत्यधिक चमकीला **'णमो लोए सव्वसाहूणं'** पद उभर रहा है। उसकी चमक बढ़ती जा रही है और उसके प्रभाव से सम्पूर्ण दिशा-विदिशाएँ श्यामवर्णी हो गई हैं।

साधक के स्वयं के शरीर के चारों ओर काले रंग का एक अभेद्य कवच निर्मित हो गया है और वह स्वयं उस पद के ध्यान में तल्लीन है।

इस प्रकार की साधना से साधक की चेतना का ऊर्ध्वारोहण और आत्मिक विकास तीव्र गति से होता है।

## रक्षा मंत्र

ॐ ह्रां णमो अरिहंताण ह्रां माम् रक्ष-रक्ष हूँ फट् स्वाहा।

ॐ ह्रीं णमो सिद्धाणं ह्रीं शिरो रक्ष-रक्ष हूँ फट् स्वाहा।

ॐ हूँ णमो आइरियाणं हूँ शिखा रक्ष-रक्ष हूँ फट् स्वाहा।

ॐ ह्रौं णमो उवज्झायाणं ह्रौं: एहि एहि भगवति वज्र कवच
वज्रिणि रक्ष-रक्ष हूँ फट् स्वाहा।

ॐ ह्ः णमो लोए सव्व साहूणं ह्ः क्षिप्रं साधय वज्रहस्ते शूलिनी
दुष्टात् रक्ष-रक्ष हूँ फट् स्वाहा।

एसो पंच णमोयारो - वज्रशिला प्राकार:।
सव्वपावप्पणासणो - अमृतमयी खाई।
मंगलाणं च सव्वेसिं - महावज्राग्नि वज्रशिला।
पढमं हवइ मंगलं - उपरि वज्रशिला।
महावीर कवच इह, आत्म रक्षां कुरु-कुरु स्वाहा।।1।।

**विधि—**इस रक्षा मंत्र को रोज पढ़ने से सर्व उपद्रव शान्त होते हैं। अतिआवश्यक होने पर पीली सरसों के दानों को इस मंत्र से सात बार मंत्रित करके चारों दिशाओं में क्षेपण करने से उपद्रव शांत होते हैं।

प्रतिदिन दैनिक क्रियाओं की निवृत्ति के पश्चात् स्वच्छमन से इसका पाठ करने से समस्त अनर्थ टल जाते हैं एवं सुख, शान्ति-समृद्धि की प्राप्ति होती है।

## रक्षा मंत्र

ॐ हूँ क्षूं फट् किरिटिं-किरिटिं घातय-घातय

परविघ्नान स्फोट्य-स्फोट्य सहस्त्र खण्डान कुरु-कुरु परमुद्रां छिन्द-छिन्द, परमंत्रान् भिंद-भिंद क्षाँ क्षः वः वः हूँ फट् स्वाहा।

## शान्ति मंत्र

ॐ नमोऽर्हते भगवते प्रक्षीणशेष दोष कल्मषाय

दिव्य तेजोमूर्तये नमः श्री शान्तिनाथाय शान्तिकराय सर्व विघ्नप्रणाशनाय, सर्व रोगापमृत्यु विनाशनाय, सर्व पर कृत् क्षुद्रोपद्रव नाशनाय, सर्व क्षामर-डामर विनाशनाय, सर्वारिष्ट शान्तिकराय ॐ ह्रां ह्रीं ह्रूँ ह्रौं ह्रः अ सि आ उ सा नमः मम् सर्व रोगापद्रव विघ्नोपद्र व शान्तिं तुष्टिं-पुष्टिं च कुरु-कुरु-कुरु।

## नेत्र-रोग नाशक मंत्र

ॐ ह्रीं अर्हं णमो सव्वोहि जिणाणं अक्षि रोग विनाशनं भवतु।

**विधि**—इस मंत्र की 108 बार जाप करने से नेत्र रोग शमन होता है।

## श्वास रोग नाशक मंत्र

ॐ ह्रीं अर्हं णमो संभिण्ण सोदाराणं श्वास रोग विनाशनं भवतु॥

**विधि**—इस मंत्र की 108 बार जाप करने से श्वास रोग शमन होता है।

## विरोध विनाशक मंत्र

ॐ ह्रीं अर्हं णमो पादाणुसारीणं परस्पर-विरोध विनाशनं भवतु॥

**विधि**—इस मंत्र की 108 बार जाप करने से परस्पर विरोध शमन होता है।

## फौजदारी मुकद्दमे में जीत का मंत्र

ॐ णमो सिद्धाणं स्वाहा॥

**विधि**—इस मंत्र की 115 बार जाप करने से मुकद्दमे में जीत होती है।

ॐ श्री वीराय नमः॥

**विधि**—इस मंत्र की 24 घण्टे जाप करें। अदालती मामले शीघ्र निपटते हैं।

## पुत्र प्राप्ति मंत्र

ॐ ह्रीं पुत्र सुख प्राप्तये श्री आदि जिनेन्द्राय नमः॥

**विधि**—श्री जिनेन्द्र प्रभु के सामने 5 माला जपें और प्रत्येक सोमवार को श्री आदिनाथ भगवान के समक्ष बादाम चढावें। पुत्र प्राप्ति होती है।

## आधा सिर दर्द नाशक मंत्र

ॐ ह्रीं अर्हं णमो ओहिजिणाणं सूर्यावर्त शिरोर्द्ध सर्वमस्तकाक्षि रोगं नाशय-नाशय स्वाहा।

**विधि**—सूर्योदय के पहले इस मंत्र से भस्म को मंत्रित करके मस्तक पर लगाने से सिर दर्द का नाश होता है।

## स्वप्न में शुभाशुभ कथन मंत्र

ॐ णमो अरिहंताणं स्वप्ने शुभाशुभं वद-वद कुष्माण्डिनी स्वाहा॥

**विधि**—रविवार के दिन 108 बार जपकर सोना, स्वप्न में शुभाशुभ जानकारी मिलेगी।

## बुद्धि बढ़ाने का मंत्र

ॐ णमो अरिहंताण वद-वद वाग्वादिनी स्वाहा।

**विधि**—इस मंत्र से मालकांगनी के बीज मंत्रित कर 2 महीने तक खाने से बुद्धि की वृद्धि होती है।

## अग्नि निवारक मंत्र

ॐ णमो अर्हं अ सि आ उ सा णमो अरिहंताणं नमः।

**विधि**—इस मंत्र की 108 बार जाप करने तथा अभिमंत्रित जल को छिड़कने से अग्नि शमन होती है।

## लक्ष्मी प्राप्ति मंत्र

ॐ णमो अरिहंताणं, ॐ णमो सिद्धाणं, ॐ णमो आइरियाणं

ॐ णमो उवज्झायाणं, ॐ णमो लोए सव्वसाहूणं

ॐ ह्राँ ह्रीँ ह्रूँ ह्रौँ ह्रः स्वाहा।

**विधि**—पुष्य नक्षत्र पर एकांत में जाप शुरू करना। वस्त्र-आसन, माला पीले (पीत) होना चाहिए। सवा लाख जाप करना, तो मंत्र सिद्ध होगा। एक भुक्ति, भूमि शयन, ब्रह्मचर्य पालन, सप्त व्यसन त्याग, तथा पाँच पापों का त्याग होना चाहिए। दीपक जलता रहे तथा धूप भी स्वाहा बोलते समय चढ़ाते रहना, सवा लाख जाप्य पूर्ण होने पर भी-रोजाना 108 बार मंत्र जाप देते रहना चाहिए। धन वृद्धि होती है।

## सर्वकार्य सिद्धि दायक मंत्र

1. ॐ अ सि आ उ सा नमः।

**विधि**—ब्रह्मचर्य पूर्वक सवालाख जाप देने से सर्वकार्य की सिद्धि होती है।

2. ॐ धणु-धणु महाधणु स्वाहा।

**विधि**—ब्रह्मचर्य पूर्वक सवालाख जाप देने से सर्वकार्य की सिद्धि होती है।

## त्रिभुवन स्वामिनी विद्या मंत्र

ॐ ह्राँ णमो अरिहंताणं, ॐ ह्रीँ णमो सिद्धाणं, ॐ ह्रूँ णमो आइरियाणं, ॐ ह्रौं णमो उवज्झायाणं, ॐ ह्रः णमो लोए सव्वसाहूणं श्रीँ क्लीँ नमः क्षाँ क्षीँ क्षूँ क्षौँ क्षः स्वाहा।

**विधि**—श्वेत पुष्प से 24 हजार जाप देवें। जाप देते समय बायीं ओर धूप और दाहिनी ओर दीप रखें। विद्या की सिद्धि होती है।

## राजा, मंत्री अधिकारी या और किसी को भी वश करने का मंत्र

ॐ ह्रीँ णमो अरिहंताणं

ॐ ह्रीँ णमो सिद्धाणं

ॐ ह्रीँ णमो आइरियाणं

ॐ ह्रीँ णमो उवज्झायाणं

ॐ ह्रीँ णमो लोएसव्वसाहूणं.......अमुकं मम वश्यं कुरु-कुरु स्वाहा।

**विधि**—इस मंत्र की 21 हजार जाप कर मंत्र सिद्ध कर लेवें। अनन्तर जिसको वश करना हो, उसे मिलने जाते समय सिर के वस्त्र पर 63 बार जप देकर वह मन्त्रित वस्त्र सिर पर रखकर जावें। सामान्य वशीकरण होता है।

## सिर-दर्द नाशक मंत्र

ॐ ह्रीं अर्हं णमो ओहिजिणाणं परमोहिजिणाणं शिरोरोग विनाशनं भवतु॥

**विधि**—इस मंत्र की 108 बार जाप करने से सिर दर्द ठीक होता है।

## विवेक प्राप्ति मंत्र

ॐ ह्रीं अर्हं णमो कोट्ठबुद्धीणं बीजबुद्धीणं मम आत्मनि विवेकज्ञानं भवतु॥

**विधि**—इस मंत्र का 108 बार जाप करने से विवेक की प्राप्ति होती है।

## विद्या व कवित्व प्राप्ति मंत्र

1. ॐ ह्रीं अर्हं णमो सयंबुद्धाणं कवित्वं पाण्डित्यं च भवतु।
2. ॐ ह्रीं दिवसरात्रिभेदविवर्जितपरमज्ञानार्क चँद्रातिशयाय श्री प्रथमजिनेन्द्राय नमः।
3. ॐ ह्रीं श्रीं क्लीं नमः स्वाहा।

**विधि**—इन तीनों मंत्रों में से किसी एक मंत्र की 108 बार जाप करने से विद्या व कवित्व की प्राप्त होती है।

## व्यन्तर बाधा विनाशक मंत्र

ॐ नमोऽर्हते सर्व रक्ष-रक्ष हूँ फट् स्वाहा।

**विधि**—इस मंत्र का 108 बार जाप करने से व्यन्तर बाधा ठीक होती है।

## शिरोव्याधि विनाशक मंत्र

ॐ णमो अरिहंताणं, ॐ णमो सिद्धाणं

ॐ णमो आइरियाणं, ॐ णमो उवज्झायाणं

ॐ णमो लोए सव्वसाहूणं, ॐ णमो णाणाय

ॐ णमो दंसणाय, ॐ णमो चारित्राय

ॐ ह्रीं त्रैलोक्य वशंकरी ॐ ह्रीं स्वाहा।

**विधि**—इस मंत्र का 108 बार जाप करने से सिर वेदना ठीक होती है।

## बुखार, तिजारी एकान्तरा ज्वर नाशक मंत्र

ॐ णमो लोए सव्वसाहूणं

ॐ णमो उवज्झायाणं

ॐ णमो आइरियाणं

ॐ णमो सिद्धाणं

ॐ णमो अरिहंताणं

**विधि**—इस मंत्र की 108 बार जाप करने से बुखार ज्वर की वेदना ठीक होती है।

## व्यन्तर, भूत-प्रेत, पिशाच बाधा विनाशक मंत्र

ॐ णमो अरिहंताणं, ॐ णमो सिद्धाणं

ॐ णमो आइरियाणं, ॐ णमो उवज्झायाणं

ॐ णमो लोए सव्वसाहूणं सर्वदुष्टान् स्तम्भय-2 मोहय-2 अंधय-2 मूकवत् कुरु 2 ह्रीं दुष्टान् ठः ठः ठः ठः।

**विधि**—गुरु सान्निध्य में 21 हजार जाप देकर विधि युक्त सिद्ध करना। 108 बार झाड़ना। मुट्ठी बाँधकर मंत्र बोलना और झाड़ा देते समय मुट्ठी खोलकर झाड़ना।

## केतु, मंगल, सूर्य, ग्रह पीड़ा निवारक मंत्र

ॐ ह्रीं णमो सिद्धाणं।

**विधि**—इस मंत्र की दस हजार बार जाप करना चाहिए।

## चन्द्र, शुक्र ग्रह पीड़ा निवारक मंत्र

ॐ ह्राँ णमो अरिहंताणं।

**विधि**—इस मंत्र की दस हजार बार जाप करना चाहिए।

## बुध ग्रह पीड़ा निवारण मंत्र

ॐ ह्रौं णमो उवज्झायाणं।

**विधि**—इस मंत्र की दस हजार बार जाप करना चाहिए।

## गुरु ग्रह पीड़ा निवारक मंत्र

ॐ ह्रूँ णमो आइरियाणं।

**विधि**—इस मंत्र की दस हजार बार जाप करना चाहिए।

## शनिग्रह पीड़ा निवारक मंत्र

ॐ ह्रः णमो लोए सव्वसाहूणं।

**विधि**—इस मंत्र की दस हजार बार जाप करना चाहिए।

## केतु, राहु ग्रह पीड़ा निवारक मंत्र

ॐ ह्राँ णमो अरिहंताणं, ॐ ह्रीँ णमो सिद्धाणं, ॐ ह्रूँ णमो आइरियाणं,

ॐ ह्रौं णमो उवज्झायाणं, ॐ ह्रः णमो लोए सव्व साहूणं।

**विधि**—इस मंत्र की दस हजार बार जाप करना चाहिये।

## शान्ति के लिए मंत्र

1. ॐ ह्रीँ श्री अनंतानंत परमसिद्धेभ्यः सर्व शांतिं कुरु-कुरु ह्रीँ नमः।

2. ॐ ह्रीँ श्री अनन्तानन्तपरमसिद्धेभ्यो नमः।

3. ॐ ह्रीँ श्री अ सि आ उ सा नमः सर्वविघ्न-रोगोपद्रव विनाशनाय सर्व शांतिं कुरु-कुरु स्वाहा।

4. ॐ ह्राँ ह्रीँ ह्रूँ ह्रौँ ह्रः अ सि आ उ सा नमः सर्वविघ्न-रोगोपद्रव विनाशनाय सर्व शांतिं कुरु-कुरु स्वाहा।

**विधि**—इन मंत्रों में से किसी एक की सवा लाख बार जाप करना चाहिए।

## मन चिन्तित कार्य सिद्धि मंत्र

ॐ ह्राँ ह्रीँ ह्रूँ ह्रौँ ह्रः अ सि आ उ सा नमः।

**विधि**—इस मंत्र की सवा लाख बार जाप करना चाहिए।

## द्रव्य प्राप्ति मंत्र

ॐ अरहंत, सिद्ध, आइरिय, उवज्झाय, सव्वसाहूणं नमः।

**विधि**—इस मंत्र की सवा लाख बार जाप करना चाहिये।

## लक्ष्मी, यश प्राप्ति व रोग निवारक मंत्र

ॐ णमो अरिहंताण, ॐ णमो सिद्धाणं, ॐ णमो आइरियाणं

ॐ णमो उवज्झायाणं, ॐ णमो लोए सव्वसाहूणं

ॐ ह्राँ ह्रीँ ह्रूँ ह्रौँ ह्रः स्वाहा।

**विधि**—इस मंत्र की सवा लाख बार जाप करना चाहिए।

## वशीकरण मंत्र

ॐ णमो अरहंताणं अरे अरणि मोहणी....''अमुकं'' मोहय-मोहय स्वाहा।

**विधि**—इस मंत्र की 108 बार जाप करना चाहिए। विशेष-अमुक के स्थान पर नाम बोलें जिसे मोहित करना हो)

## व्यापार में धन प्राप्ति मंत्र

ॐ ह्रीँ श्रीँ क्रीँ क्लीँ श्री लक्ष्मी मम गृहे धनं पूरय-पूरय चिन्तां दूरय-दूरय स्वाहा।

**विधि**—इस मंत्र की प्रतिदिन 108 बार जाप करना चाहिए।

## लाभांतराय निवारक मंत्र

ॐ ह्रीँ श्रीँ क्लीँ मम् लाभांतराय कर्म निवारणाय स्वाहा

**विधि**—इस मंत्र की प्रतिदिन 108 बार जाप करना चाहिये।

## लक्ष्मी प्राप्ति मंत्र

ॐ ह्रीँ श्रीँ क्लीँ ब्लूँ ऐँ महालक्ष्म्यै नमः स्वाहा।

**विधि**—14 दिन तक 1-1 माला रोज जाप करें।

## ऋण मोचन मंत्र

ॐ श्रीं ह्रीं क्लीं गं ओ गं नमो संकट कष्ट हरणाय, विकट दु:ख निवारणाय, ऋणमोचनाय स्वाहा।

**विधि**—इस मंत्र की रोज दस माला जाप करना चाहिये।

## चारों दिशाओं में धन प्राप्ति मंत्र

ॐ नमो भगवती पद्म पद्मावती ॐ ह्रीं श्रीं पूर्वाय, पश्चिमाय, उत्तराय, दक्षिणाय सर्व धन वश्यं कुरु-कुरु स्वाहा।

**विधि**—इस मंत्र की प्रतिदिन 108 बार चारों दिशाओं में जाप करें।

## ऐश्वर्य प्राप्ति व सन्तान सुखदायक मंत्र

ॐ ऐं ह्रीं श्रीं क्लीं लक्ष्मी कलिकुंडस्वामिने मम आरोग्यं ऐश्वर्यं कुरु-कुरु स्वाहा।

**विधि**—इस मंत्र की 108 बार जाप करना चाहिये।

## बिच्छू विष हारक मंत्र

ॐ झं हं यं झं वं वं लं क्षं एं ऐं ओं औं हं ह:।

**विधि**—इस मंत्र को पढ़कर झाड़ते जाएँ। बिच्छू का विष दूर हो जायेगा।

## देवप्रसन्न लाभ मंत्र

ॐ ह्रीँ श्रीँ अर्हं णमिउण
पास विसहर विसनिन्नासं जिण फुलिंग ह्रीँ श्रीँ नम:।

**विधि**—इस मंत्र की एक लाख बार जाप करना चाहिये।

## चिन्ताचूरणी मंत्र

ॐ नमो भगवति पद्मावती सर्वजनमोहिनी सर्वकार्यकारणी मम विकट संकटहरणी मम मनोरथपूरणी मम चिन्ताचूरणी ॐ पद्मावती नम: स्वाहा।।

**विधि**—इस मंत्र की 108 बार जाप करना चाहिये।

## चोर भयनाशक मंत्र

1. ॐ णमो अरिहंताणं धणु-धणु महाधणु स्वाहा।
2. ॐ णमो अरिहंताणं अभिणि मोहिणी मोहय 2 स्वाहा।

**विधि**—मार्ग में चलते समय जाप करते जायें।

## विद्या सिद्धि मंत्र

ॐ ह्रीँ अ सि आ उ सा नम: अर्हंवादिनी सत्यवादिनी वद-वद मम वक्त्रे व्यक्तं वाचया सत्यं ब्रूहि 2 अस्खलित प्रचारं तं देवं मनुजासुर मर्दनी अर्हं अ सि आ उ सा नम: स्वाहा।

**विधि**—इस मंत्र को 108 बार जपने से विद्या सिद्ध होती है।

## ऐश्वर्य दायक मंत्र

ॐ ह्रीँ वरे सुवरे अ सि आ उ सा नमः।

**विधि**—इस मंत्र की प्रतिदिन प्रातःकाल 108 बार जाप करना चाहिये।

## कैदी को मुक्त करने का मंत्र

ॐ णमो अरिहंताणं, ॐ णमो सिद्धाणं, ॐ णमो आइरियाणं,

ॐ णमो उवज्झायाणं, ॐ णमो लोए सव्वसाहूणं,

हुलु 2 कुलु 2 चुलु 2 मुलु 2 स्वाहा।

**विधि**—इस मंत्र की रात्रिकाल में 108 बार जाप करना चाहिये।

## वाद जय मंत्र

ॐ हं सः ॐ ह्रीँ अर्हं ऐँ श्रीँ अ सि आ उ सा नमः।

**विधि**—इस मंत्र की 108 बार जाप करना चाहिये।

## लक्ष्मी दायक मंत्र

ॐ ह्रीँ हें णमो अरिहंताणं ह्रीँ नमः।

**विधि**—इस मंत्र की 108 बार जाप करना चाहिये।

## कार्य सिद्धि दायक मंत्र

ॐ ऐं ह्रीं श्रीं क्लीं क्लौं ब्लूँ अर्हं नमः।

**विधि**—इस मंत्र की 108 बार जाप करना चाहिये।

## दुष्ट भय निवारक मंत्र

ॐ ह्रीं अर्हं नमः क्षीं स्वाहा।

**विधि**—इस मंत्र की 108 बार जाप करना चाहिये।

## भय हर मंत्र

ॐ ह्रीं अर्हं अ सि आ उ सा अनाहत विधायै अर्हं नमः।

**विधि**—इस मंत्र की श्रद्धा पूर्वक जाप करने से सर्व भय दूर होते हैं।

## रोग निवारक मंत्र

ॐ णमो आमोसहिपत्ताणं, ॐ णमो खेल्लोसहिपत्ताणं

ॐ णमो जल्लोसहिपत्ताणं, ॐ णमो सव्वोसहिपत्ताणं स्वाहा।

**विधि**—इस मंत्र की 108 बार जाप करना चाहिये।

## क्लेश नाशक मंत्र

ॐ ह्रौं श्रीं... अमुकं दुष्टं साधय 2 अ सि आ उ सा नमः।

ॐ चिकी 2 ठः ठः स्वाहा।

**विधि**—इस मंत्र की श्रद्धा पूर्वक जाप करने से क्लेश दूर होता है।

## जेल से छूटने का मंत्र

ॐ णमो अरिहताणं जम्ल्व्यूं नमः

ॐ णमो सिद्धाणं भम्ल्व्यूं नमः

ॐ णमो आइरियाणं रम्ल्व्यूं नमः

ॐ णमो उवज्झायाणं हम्ल्व्यूं नमः

ॐ णमो लोए सव्व साहूणं क्षम्ल्व्यूं नमः

मम बंदी मोक्षं कुरु-कुरु स्वाहा।

**विधि**—इस मंत्र की 108 बार जाप करना चाहिये।

## रोगहरण मंत्र

ॐ ह्रीं सकलरोगहराय श्री सन्मति देवाय नमः

**विधि**—इस मंत्र की 21 दिन में सवा लाख जाप करें।

## रक्षा मंत्र

ॐ ह्रां ह्रीं ह्रूं ह्रौं ह्रः श्रीं ह्रीं कलिकुंडदंडस्वामिन् सर्वरक्षाधिपतये
मम रक्षां कुरु-कुरु स्वाहा।

**विधि**—इस मंत्र की रात्रिकाल में 108 बार जाप करना चाहिये।

## रक्षा मंत्र

ॐ ह्रीं णमो अरिहंताणं पादौ रक्ष 2
ॐ ह्रीं णमो सिद्धाणं कटिं रक्ष 2
ॐ ह्रीं णमो आइरियाणं नाभिं रक्ष 2
ॐ ह्रीं णमो उवज्झायाणं हृदयं रक्ष 2
ॐ ह्रीं णमो लोए सव्वसाहूणं ब्रह्माण्ड रक्ष 2
ॐ ह्रीं एसो पंच णमोकारो सव्वपाव प्पणासणो आत्मचक्षुः रक्ष 2
ॐ ह्रीं मंगलाणं च सव्वेसिं पढमं हवइ मंगलं परचक्षुः रक्ष 2
स्वाहा।

**विधि**—इस मंत्र की 108 बार जाप करने से आत्मरक्षा होती है।

## भूत-प्रेत, ग्रहपीड़ा तथा ज्वरनाशक मंत्र

ॐ नमो भगवते पार्श्वनाथ ह्रीं धरणेन्द्र-पद्मावती-सहिताय,
आत्मचक्षु, प्रेतचक्षु, पिशाचचक्षु, शाकिनी-डाकिनी चक्षु, सर्वग्रह

नाशय 2, सर्वज्वर नाशय 2 ॐ णमो अरिहंताणं भूतपिशाच-

शाकिन्यादि गणान् नाशय 2 हूँ फट् स्वाहा।

**विधि**—इस मंत्र की एक हजार बार जाप करने से भूत-प्रेत, ग्रहपीड़ा एवं ज्वर का नाश होता है।

## वस्तु विक्रय मंत्र

णट्ठट्ठ मयट्ठाणे, पणट्ठ कम्मट्ठ णट्ठ संसारे।

परमट्ठ णिट्ठि अट्ठे अट्ठ गुणाधीसरं वंदे॥

**विधि**—इस मंत्र की 108 बार जाप करके कोई वस्तु समान में मिला दें तो वस्तुओं की बिक्री अच्छी होती है।

## सिद्धिदायक मंत्र

ॐ ह्रीँ अर्हं णमो जिणाणं।

**विधि**—इस मंत्र की 108 बार जाप करने से सर्व कार्य सिद्ध होते हैं।

## सर्व उपद्रव नाशक मंत्र

ॐ ह्रीँ अर्हं नमः सर्व व्यतरेंद्रार्चितपादपीठाय, सर्वारिष्टनिवारणाय,

सर्वक्षामडामरविनाशनाय, सर्वपरकृतक्षुद्रोपद्रव, विध्वंसनाय,

सर्वदुष्टदोषनाशिनी, सर्वशाकिनी-डाकिनी-निकंदनाय नमः
मम दृष्टि दोषं नाशय-नाशय स्वाहा॥

**विधि**—इस मंत्र की 108 बार जाप करके चारों दिशाओं में सरसों मंत्रित करके क्षेपण करने से सभी प्रकार के उपद्रवों का नाश होता है।

## सर्वरोग शांतिकरण मंत्र

ॐ ह्रीं श्रीं अर्हं नमः सर्वज्योतिष्केंद्रार्चित परमपुरुषाय
सर्वग्रहारिष्टं नाशय नाशय शांतिं कुरु-कुरु स्वाहा॥

**विधि**—इस मंत्र की 108 बार जाप करने से सभी रोगों का निवारण होता है।

## सर्ववशीकरण मंत्र

ॐ ह्रीं अ सि आ उ सा त्रिलोक महिताय सर्वजन मनोरंजनाय सर्वराजाय वशीकरणाय नमः।

**विधि**—इस मंत्र की 108 बार जाप करने से राजनेता वश में होते हैं।

## शीघ्र प्रसूति मंत्र

ॐ ह्रीं श्रीं अर्हं नमः....अमुकस्य गर्भ मुंच 2 स्वाहा।

**विधि**—इस मंत्र की 108 बार जाप करके प्रसूति के पेट पर तेल की मालिश करने से प्रसूति अच्छी तरह से हो जाती है।

## सर्व रक्षा वर्धमान मंत्र

ॐ णमो भयवदो वड्ढमाणस्स रिसहस्स जस्स चक्कं चलंतं गच्छई आयासं

पायालं लोयाणं भूयाणं जये वा विवादे वा थंभणे वा रणे वा रायंगणे वा

रणांगणे वा मोहणे वा सव्वजीवसत्ताणं अपराजिदो भवदु मे रक्ख रक्ख

अ सि आ उ सा अर्हं ह्रीं नमः स्वाहा॥

**विधि**—इस मंत्र की 108 बार जाप करने से सर्व परकृत उपद्रवों से रक्षा होती है।

## ऋद्धि वृद्धि मंत्र

1. ॐ ह्रां ह्रीं ह्रूं ह्रौं ह्रः अक्षीणमहणस लब्धिसम्पन्न गौतमस्य नमः अक्षयं कुरु 2 स्वाहा।

2. ॐ णमो गोमय स्वामी भगवउ ऋद्धि समीवृद्धि समो

अक्खीण समो आन 2 भरी 2 पुरी 2 कुरु 2 हः 2 स्वाहा।

3. ॐ ह्रीं अरहंताणं सिद्धाणं सूरीणं उवंज्झायाणं साहूणं मम ऋद्धिं वृद्धिं समीहितं कुरु 2 स्वाहा।

4. ॐ ह्रां ह्रीं ह्रूं ह्रौं ह्रः कलिकुंडस्वामिने जये विजये अप्रतिचक्रे अर्थसिद्धिं कुरु 2 स्वाहा।

**विधि**—उपरोक्त मंत्रों में से किसी भी एक मंत्र की 108 बार जाप करने से धन धान्य एवं अर्थ की वृद्धि होती है।

## रक्षा एवं शांति दायक मंत्र

1. ॐ ह्रीं अर्हं नमो सर्वविघ्नविनाशक
ॐ श्रां श्रीं श्रूं श्रों श्रौं: ठः ठः स्वाहा।

2. ॐ ह्रीं श्रीं क्लीं ऐं क्रौं ह्रीं णमो अरहंताणं अ सि आ उ सा
नमः अप्रतिचक्रे फट् विचक्राय झ्रौं झ्रौं स्वाहा।

3. ॐ ह्रीं श्रीं कलिकुंडदंडपार्श्वनाथाय, धरणेन्द्रपद्मावतीसहिताय,

घातिकर्मक्षयंकराय, अतुलबलवीर्यपराक्रमाय, सर्वचिंता
विघ्नबाधा-

विनाशनाय स्फ्रां स्फ्रीं स्फ्रूं स्फ्रौं स्फ्रः हूँ फट् स्वाहा।

**विधि**—उपरोक्त मंत्रों में से किसी भी मंत्र की 108 बार जाप करने से स्वयं की रक्षा होकर आत्मशांति मिलती है।

## रक्षा एवं शांति दायक मंत्र

ॐ क्षाँ क्षीं क्षूँ क्षें क्षैं क्षौं क्षं क्षः नमोऽर्हते सर्व रक्ष रक्ष हूँ फट्
स्वाहा।

**विधि**—इस मंत्र की 7 बार जाप करने से स्वयं की रक्षा होकर आत्मशांति मिलती है।

## लक्ष्मी सौख्य दाता मंत्र

1. ॐ ह्रीं लक्ष्मीसुखविधायकाय श्री महावीराय नमः।

**विधि**—इस मंत्र की सवा लाख जाप करने से लक्ष्मी एवं सुख की प्राप्ति होती है।

2. ॐ ह्रीँ नाना लक्ष्मीविभूति विराजमानाय श्री वृषभदेवाय नमः॥

**विधि**—इस मंत्र की सवा लाख जाप करने से लक्ष्मी एवं सुख की प्राप्ति होती है।

## भूत-प्रेत बाधा निवारक मंत्र

ॐ ह्रीँ भूत-प्रेत बाधा निवारकाय श्री पद्मप्रभु देवाय नमः।

**विधि**—इस मंत्र की प्रतिदिन प्रातः दीप जलाकर धूप खेते हुए 108 बार जाप करने से भूत प्रेत की बाधा दूर होती है।

## स्वप्नफलदायक मंत्र

ॐ ह्रीँ स्वप्ने चक्रेश्वरी! मम कर्णे अवतर 2 सत्यं वद 2 स्वाहा।

**विधि**—इस मंत्र की 108 बार जाप करके सोने पर स्वप्न में शुभाशुभ भविष्य की सूचना मिलती है।

## सत्य बुलवाने का मंत्र

ॐ णमो अरिहउ भगवउ बाहुबलिस्स पण्णसमणस्स

अमले विमले विमलणाण पयासणि-सच्चम भासइ अरिहा।

सच्चम भासइ केवलिए, एणं सच्चवयणेण सव्वं होउ मे स्वाहा।

ॐ णमो अरिहंताणं नमोऽर्हते भगवते श्री वृषभजिनेन्द्राय गोमुखचक्रेश्वर्यर्चित-पादारविंदाय अनंतज्ञानदर्शनवीर्यसुखात्मकाय ह्रीँ श्रीँ अर्हं स्वाहा॥

**विधि**—इस मंत्र की 108 बार जाप करने से सामने वाला आदमी सत्य प्रकट कर देता है।

## रक्षा मंत्र

ॐ णमो भयवदो अरिट्ठणेमिस्स अरिट्ठेण बंधेण बंधामि, रक्खसाणं भूयाणं खेयराणं चोराणं डायिणीणं सायिणीणं महोरगाणं वग्घाणं सिंहाणं गहाणं अण्णेवि जे केवि दुट्ठा संभवंति तेसिं सव्वाणं मणं मुहं कोहं दिट्ठिं गइं सुबोहं जिह्वां बंधेण बंधामि धणु 2 महाधणु 2 जे 3 ठः 3 ह्राँ ह्रीँ ह्रूँ ह्रौँ ह्रः ढ 5 ल 5 हूँ फट् स्वाहा॥

**विधि**—यह रक्षा मंत्र है। इस मंत्र का 108 बार जाप करके, कंकड़ों को मंत्रित कर चारों दिशा में फेंकने से अपनी सीमा में कोई प्रवेश नहीं कर पाता है।

## सर्वरोग नाशक मंत्र

ॐ नमो भगवते पार्श्वनाथाय एहि 2 ह्रीँ 2 भगवती दह 2 हन 2 चूर्णय 2 भंज 2 कंड 2 मर्दय 2 हम्ल्व्र्यूं हूँ फट् स्वाहा।

**विधि**—इस मंत्र की 4000 बार पुष्पों से जाप करने से सर्व रोगों का नाश होता है।

## सर्वकार्य सिद्धि मंत्र

1. ॐ ह्रीँ श्रीँ कलिकुण्डस्वामिने नमः

**विधि**—इस मंत्र की 21 दिन में सवा लाख जाप करने से सर्व कार्य सिद्ध होते हैं।

2. ॐ ह्रीँ श्रीँ क्लीँ ऐँ श्री पद्मावती देव्यै: नमः।

**विधि**—इस मंत्र की 21000 जाप करने से सर्वकार्य सिद्ध होते हैं।

## त्रिलोक वशीकरण मंत्र

ॐ ह्रीँ नमोऽर्हं ऐँ श्रीँ ह्रीँ क्लीँ स्वाहा।

**विधि**—इस मंत्र की 108 बार जाप करने से त्रिलोक वश में होता है।

## ज्वरनाशक मंत्र

ॐ ह्रीँ अर्हं सर्वज्वरं नाशय-नाशय

ॐ णमो सव्वोसहिपत्ताणं ह्रीँ नमः।

**विधि**—108 बार पानी मन्त्रित करके पिलावें तो सर्व ज्वर और भूतादि की पीड़ा दूर होती है।

## एकाक्षरी सरस्वती मंत्र

ह्रीँ

**विधि**—इस एकाक्षरी मंत्र की 7 लाख जाप करने से सरस्वती की सिद्धि होती है।

## 13 अक्षरी सरस्वती मंत्र

ॐ अर्हत् सिद्धसयोगकेवली स्वाहा।

**विधि**—इस मंत्र की 108 बार जाप करने से सरस्वती की सिद्धि होती है।

## अन्नपूर्णा मंत्र

ॐ ह्रीँ श्रीँ अन्नपूर्णे स्वाहा कामाक्षी, कामरूपी, रक्तनयनी, सिरखेदनी, जगत्त्रयशोभित आगच्छता परमेश्वरी क्लीँ नमः।

**विधि**—अखंड चावलों को केशर से रंगकर उपरोक्त मंत्र से एक लाख जाप से मन्त्रित कर उन्हें भण्डार में रखते समय "**ॐ ह्रीं अप्रतिचक्रे फट् विचक्राय क्षाँ क्षीँ स्वाहा**" इस मंत्र का उच्चारण करें।

## व्यापार वृद्धि एवं लक्ष्मी प्राप्ति मंत्र

ॐ ह्राँ ह्रीँ ह्रूँ ह्रौँ ह्रः अ सि आ उ सा पद्मप्रभ जिनेन्द्राय सर्वशांतिं कुरु 2 स्वाहा

**विधि**—इस मंत्र की 108 बार जाप करने से व्यापार में वृद्धि एवं लक्ष्मी की प्राप्ति होती है।

## निर्विघ्न कार्य सम्पन्नता मंत्र

1. ॐ ह्रीं श्रीं क्लीं ऐं अर्हं अ सि आ उ सा अनाहत विद्यायै णमो अरहंताणं पापक्लेशापहर निर्विघ्न कार्य समाप्ति करणाय वषट्।

**विधि**—इस मंत्र की 108 बार जाप करने से कार्य की निर्विघ्न समाप्ति होती है।

2. ॐ ह्रीं सकलकार्यसिद्धिकराय श्री वर्धमानाय नमः।

**विधि**—इस मंत्र का 1 लाख बार जाप करने से कार्य की निर्विघ्न समाप्ति होती है।

## राजभय निवारक मंत्र

1. ॐ ह्रीं अर्हं नमः क्षीं स्वाहा।

**विधि**—प्रथम 9 बार णमोकार मंत्र की जाप करके अनंतर उपरोक्त मंत्र की 9 माला जाप देना। इस प्रकार 21 दिन जाप करने से राजभय दूर होता है।

2. ॐ ह्रीं....अमुकं दुष्टं साधय-साधय अ सि आ उ सा नमः।

**विधि**—इस मंत्र की 108 बार जाप करने से राज भय दूर होता है।

## शाकिनी भूतादिभय विनाशक मंत्र

ॐ णमो अरिहंताणं भूत पिशाच शाकिन्यादिगणान्
नाशय-नाशय हूँ फट् स्वाहा।

**विधि**—इस मंत्र की 108 बार जाप करने से भूतादि का भय नहीं रहता।

## उपदेश समय में श्रोतावृंद आकर्षण मंत्र

ॐ ह्रीं श्रीं क्लीं कलिकुण्डदण्डस्वामिन् अप्रतिचक्रे जये विजये अपराजिते अजिते जंभे स्वाहा।

**विधि**—इस मंत्र की 108 बार जाप करने के उपरांत उपदेश देने पर श्रोतागण आकर्षित होते है।

## राजा मोहिनी व शत्रु-निवारक मंत्र

ॐ ह्रीं श्रीं क्लीं ब्लूँ श्री पार्श्वनाथाय धरणेंद्र पद्मावती सहिताय, चिंत चिंतामणि राजाप्रजामोहनं सर्वशत्रुनिवारणं कुरु-कुरु स्वाहा।

**विधि**—इस मंत्र की 108 बार जाप करने से राजा व शत्रु का भय दूर होता है।

## सर्व संपदा प्राप्ति मंत्र

ॐ ह्रीं श्रीं क्लीं कलिकुंडदंडस्वामिन् आगच्छ-आगच्छ आत्ममंत्रान् रक्ष रक्ष परमंत्रान् छिन्धि-छिन्धि मम सर्व समीहितं कुरु-कुरु हूँ फट् स्वाहा।

**विधि**—इस मंत्र का 21 हजार जाप श्वेत तथा लाल पुष्पों से देने पर सर्व संपदा की प्राप्ति होती है।

## प्रीतिकारक मंत्र

ॐ ह्रीं श्रीं क्लीं ब्लूँ कलिकुंड स्वामिन् सिद्ध जगत् वश्यं

आनय-आनय नमः।

**विधि**—इस मंत्र की प्रातः स्नान कर पवित्र श्रद्धा से 108 बार रोज जाप करने से आपस में प्रीति बनी रहती है।

## भूतप्रेत रक्षक मंत्र

ॐ ह्रीं श्रीं क्लीं ब्लूँ कलिकुंडस्वामिन्! सकल कुटुंब रक्ष-रक्ष

भूतप्रेत-विनाशनाय नमः।

**विधि**—इस मंत्र की 108 बार जाप करने से भूत प्रेत आदि से रक्षा होती है।

## वांछित फल दायक मंत्र

ॐ ह्रीं श्री श्रिये धनकारि धान्यकारि ह्रीं श्रीं कलिकुंड

स्वामिन्-मम वांछितं कुरु-कुरु स्वाहा।

**विधि**—इस मंत्र की 108 बार जाप करने से वांछित फलों की सिद्धी होती है।

## धन, संपत्ति रक्षा मंत्र

ॐ ह्राँ ह्रीँ हूँ ह: कलिकुंडस्वामिन् जये विजये अप्रतिचक्रे अर्थसिद्धिं कुरु-कुरु स्वाहा।

**विधि**—यह मंत्र ताम्र पत्र पर लिखकर द्रव्य (पैसे के भण्डार) में रखें तो धन की वृद्धि होती है।

## संकट निवारक शांतिदायक मंत्र

ॐ ह्रीँ अर्हं श्री अ सि आ उ सा नम: सर्वशांतिं कुरु-कुरु स्वाहा।

**विधि**—विधियुक्त श्रद्धा से जाप करने से संकट दूर होकर शांति मिलती है।

## लाभांतरायकर्म-नाशक मंत्र

ॐ ह्रीँ श्रीँ क्लीँ मम लाभांतरायकर्म निवारणाय स्वाहा।

**विधि**—जिनेन्द्र भगवान के सामने धूप खेते हुए रोज एक माला जपने से लाभांतराय कर्म का नाश होता है।

## विष दूर करने का मंत्र

ॐ ह्रीँ अ सि आ उ सा क्लीँ नम:।

**विधि**—इस मंत्र की 108 बार जाप करने से विष दूर होता है।

## आँखों का दर्द दूर करने का मंत्र

ॐ ह्रीं श्रीं क्लीं क्रौं सर्वसंकटनिवारकेभ्यो श्रीपार्श्वनाथयक्षेभ्यो नमः स्वाहा।

**विधि**—इस मंत्र की 108 बार जाप करने से आँखों का दर्द दूर होता है।

## वशीकरण मंत्र

ॐ णमो अरिहंताणं अरे अरणि मोहिणी...अमुकं मोहय-मोहय स्वाहा।

**विधि**—चाँवल या फूलों को इस मंत्र से 108 बार मंत्रित कर वह जिसके सिर पर डाला जाए वह वश में होता है।

## ऐश्वर्य प्राप्ति मंत्र

ॐ ऐं ह्रीं श्रीं क्लीं कलिकुंडस्वामिने मम

आरोग्यं ऐश्वर्यं कुरु-कुरु स्वाहा।

**विधि**—श्रद्धा पूर्वक जपने से आरोग्य एवं ऐश्वर्य की प्राप्ति होती है।

## सर्वसिद्धि दायक मंत्र

ॐ अ सि आ उ सा नमः।

**विधि**—विधिपूर्वक श्रद्धा से सवा लाख जाप देने से सर्व कार्य सिद्धि होंगे।

## चिंतित कार्य-सिद्धि मंत्र

ॐ ह्राँ ह्रीँ ह्रूँ ह्रौँ ह्रः अ सि आ उ सा नमः स्वाहा।।

**विधि**—विधि युक्त सवा लाख जाप देने से सर्वकार्य सिद्ध होते हैं।

## शुभाशुभ-कथन-मंत्र

ॐ ह्रीँ श्रीँ क्लीँ कर्णपिशाचिनी पद्मावती देव्यैः मम शुभाशुभं कथय-कथय स्वाहा।

**विधि**—इस मंत्र की 108 बार जाप करने से शुभाशुभ फलों की सूचना मिलती है।

## स्वप्नेश्वरी मंत्र

ॐ विश्वमालिनी विश्वप्रकाशिनी मध्यरात्रौ सत्यं....अमुकस्य-

वद वद प्रकटय प्रकटय श्रीँ ह्राँ ह्रूँ फट् स्वाहा।

**विधि**—सिंगरफ, कालीमिर्च और स्याही एकत्र करके कागज पर लिखकर वह कागज तकिये के नीचे रखकर सो जाना, स्वप्न में सब मालूम हो जायेगा।

**विशेष**—एक मंलगवार या रविवार को इस मंत्र का जाप करना।

## सर्वज्वर और भूतपिशाच-ज्वर निवारक मंत्र

ॐ नमो भगवति पद्मावती सूक्ष्मवस्त्रधारिणी पद्मसंस्थितादेवी

प्रचंडदोर्दंडखंडित, रिपुचक्रे, किन्नर, किंपुरुष, गरुड़, गंधर्व, यक्ष,

राक्षस, भूत, प्रेत, पिशाच, महोरग, सिद्धिनागमनुपूजिते

विद्याधरसेवित ह्रीँ पद्मावती स्वाहा।

**विधि—**इस मंत्र से सरसों को 21 बार मंत्र पढ़कर मंत्रित करके बायें हाथ में बाँधे, तो सब प्रकार का ज्वर तथा भूत प्रेत-बाधा दूर होती है।

## सर्व शांति दायक मंत्र

ॐ ह्रीँ अर्हं अ सि आ उ सा सर्व शान्तिं कुरु-कुरु नमः स्वाहा।

**विधि—**12500 जाप पहले देकर, बाद में 108 बार रोज जाप करने से शांति मिलती है।

## द्रव्य प्राप्ति का मंत्र

ॐ ह्रीँ णमो अरिहंताणं मम ऋद्धिं वृद्धिं समीहितं कुरु-कुरु स्वाहा।

**विधि—**12500 जाप पहले देकर, बाद में 108 बार रोज करने से लक्ष्मी की प्राप्ति होती है।

## बुद्धि और वैभव वृद्धि मंत्र

ॐ अर्हन्मुखकमलनिवासिनी पापात्मक्षयंकरी श्रुतज्ञानज्वालासहस्त्रप्रज्ज्वलिते! सरस्वती मत्पापं हन-हन, दह-

दह पच-पच क्षाँ क्षीं क्षूँ क्षौं क्षः क्षीरवरधवले अमृतसंभवे अमृतं स्रावय-स्रावय वं वं हूँ हूँ फट् स्वाहा।

**1. विधि**—केशर घिसकर 360 गोलियाँ बनावें, शरद पूर्णिमा के दिन बनाना, या दीपावली के रोज करना। यह सब अर्हंत प्रभु की प्रतिमा के समक्ष करना चाहिए। बाद में प्रत्येक गोली को 108 बार मंत्र से मन्त्रित कर प्रतिदिन एक-एक गोली खाना चाहिए। बुद्धि पठन-पाठन में मेधावी होती है। बुद्धि-वैभव के लिए पुनः दूसरा प्रयोग-

**2. विधि**—शरद पूर्णिमा के दिन-काँसे की थाली में उपरोक्त मंत्र सुगन्धित द्रव्य से लिखें। थाली के पास ही मेवा, मिठाई, नैवेद्य आदि रखें और 1008 सुगन्धित पुष्प लें, हर एक फूल पर मंत्र बोलकर वह फूल उसी काँसे की थाली में डालते जाएँ।

दूसरे रोज वही मेवा, मिठाई आदि रखे हुए पदार्थ खावें। दूसरा कुछ न खावें।

इससे सरस्वती प्रसन्न, बुद्धि प्रबल, विद्या अवगत होती है।

## समाराधन महामंत्र

ॐ ह्रीं श्रीं क्लीं ऐं अर्हं कलिकुंडदंड चंडोग्रहशांतिकराय,

धरणेंद्रपद्मावती संसेविताय, अतुलबल-वीर्य पराक्रमाय, श्रीमते,

भगवते, चिन्तामणि-पार्श्वनाथाय नमो नमः।

मम उपरि समागतं, राज्याभियोगं, यथाशीघ्रं निवारय-निवारय श्रीं आत्मविद्यां रक्ष-रक्ष, श्रीं ह्रीं ऐं हूं फट् स्वाहा।

**विधि**—इस मंत्र को 108 बार जाप करने से सभी कार्य सफल होते हैं।

## सरस्वती-प्रदायक मंत्र

1. ॐ ह्रीँ श्रीँ क्लीँ वद वद वाग्वादिनीभ्यो नमः।

**विधि**—सूर्य ग्रहण में कुंकुम कर्पूर से यह मंत्र जीभ (जिव्हा) पर लिखें तो वाग्वादिनी प्रसन्न होती हैं।

2. ॐ ह्रीँ श्रीँ वाग्वादिनी भगवति सरस्वती ह्रीँ नमः।

**विधि**—पहले 12 हजार जाप श्रद्धा से करके बाद में बच, मालकांगनी या एरण्ड पर 108 बार जाप देकर बच्चों को खिलाने से बुद्धि बढ़ती है।

## कष्ट को दूर करने वाला मंत्र

ॐ ह्रीँ पञ्च परमेष्ठिने नमः

**विधि**—भगवान सुपार्श्वनाथ की मूर्ति के सामने 108 बार बोलने से कष्ट दूर हो जाते हैं।

## वांछितार्थ व सिद्धिकारक मंत्र

ॐ ह्रीँ श्रीँ अर्हँ अ सि आ उ सा नमः।

**विधि**—यह मंत्र कल्पवृक्ष के समान सर्व कामनाओं को पूर्ण करने वाला महामंत्र है। इस मंत्र को रोज 108 बार जपने से वांछितार्थ सिद्ध होते हैं।

## धन-धान्य बढ़ाने वाला मंत्र

ॐ ह्रीं श्रीं ह्रीं ह्रीं ह्रीं ह्रः कलिकुण्ड स्वामिने नमः जये विजये

अपराजिते चक्रेश्वरी मम अर्थ सिद्धिं कुरु-कुरु स्वाहा।

**विधि**—किसी भी धान के सात अच्छे दाने लेकर उस पर यह मंत्र सात बार पढ़ना तथा दाने वस्तु में वापस डाल देना, उस वस्तु की वृद्धि होगी तथा उससे बराबर लाभ होगा।

## कार्य सिद्धि मंत्र

ॐ नमो भगवते ह्रीं पद्मावती मम कार्यं कुरु-कुरु स्वाहा।

**विधि**—इस मंत्र को इक्कीस बार पढ़कर, अभीष्ट वस्तु ले करके जावें, तो राजा आदि उच्चाधिकारी वश में हो जाते हैं।

## सर्वदोष नाशक रक्षा-मंत्र

ॐ ह्रीं श्रीं पार्श्वनाथाय, ह्रीं धरणेन्द्र पद्मावति सहिताय,

आत्मचक्षु, परचक्षु, भूतचक्षु, डाकिनीचक्षु, सर्वलोक चक्षु,

पितरचक्षु, हन-हन, दह-दह, पच-पच, ॐ फट् स्वाहा।

**विधि**—यह अत्यंत दुर्लभ-मंत्र है। अचानक किसी प्रकार की हवा (नजर) लगने पर, स्वास्थ्य खराब होने पर, जी मचलने पर, इस मंत्र को जपते हुए जल को मन्त्रित करके पिलावें और इस मंत्र को इक्कीस बार पढ़ें, तो सब प्रकार के दोष हट जाते हैं और जीव को आराम मिलता है।

## नारियल द्वारा पुत्र-प्राप्ति का मंत्र

ऐं नमः ॐ नमो भगवति पद्मे ह्रीं क्लीं ब्लूं त्रिट-त्रिट (अमुक)

स्त्री अपत्य हिनाय अपत्य गुण क्षय, सर्वावयव संयुत शोभन

सुन्दर दीर्घायु पुत्रं देहि-देहि, मा विलम्बय-विलम्बय, ह्रां ह्रीं

पद्मावती मम कार्यं कुरु-कुरु ठः ठः ठः स्वाहा।

**विधि**—इस मंत्र को एक सौ आठ बार नारियल पर जपें तत्पश्चात् अभिमन्त्रित नारियल ऋतु धर्म के पश्चात् शुद्ध होने पर स्त्री को खिलावें तो पुत्र की प्राप्ति अवश्य होती है यह सही सत्य है।

## सभी प्रकार के बुखार व ज्वर नाश करने का मंत्र

ॐ नमो श्री पार्श्वनाथाय चिपटी नाम महाविद्याय, सर्व ज्वर,

विनाशनिया, या दिशं पश्यामि, ता ता भवति निःज्वर, शिरो

मुञ्छ-मुञ्छ, ललाट मुञ्छ-मुञ्छ, नेत्र मुञ्छ-मुञ्छ, नासिका

मुञ्छ-मुच्छ, क्रोधो मुञ्छ-मुञ्छ, कटि मुञ्छ-मुञ्छ, पादौ

मुञ्छ-मुञ्छ, गुटि मुञ्छ-मुञ्छ, भूमौ गच्छ महान् ज्वर स्वाहा।।

**विधि**—इक्कीस बार यह मंत्र पढ़कर उड़द के दाने अभिमन्त्रित करें तथा एक-एक दाने पर मंत्र बोलते हुए दाना रोगी के ऊपर फेंकें तो सभी प्रकार का बुखार दूर होकर रोगी को तत्काल राहत मिलती है। यह सही, सच्ची व अनुभूतशुदा बात है।

## चोर पकड़ने का मंत्र

ह्रॉं ह्रीं ह्रूँ ह्रौं ह्रः ज्वाँ ज्वीं ज्वालामालिनी चोर कण्ठं ग्रहण-ग्रहण स्वाहा॥

**विधि**—शनिवार की रात्रि को चावल धोकर, इक्कीस बार इस मंत्र द्वारा अभिषिक्त कर कोरी हंडी में डालें। रविवार को सुबह धूप देकर, इक्कीस बार मंत्र पढ़कर चावल सन्देहास्पद व्यक्ति को खिलावें, तो जो चोर होगा, उसके मुँह में से खून गिरने लगेगा।

## वर्षा रोकने का मंत्र

ॐ ह्रीं क्ष्रीं सौं क्षँ क्षँ मेघकुमारेम्यो वृष्टिं स्तम्भय-स्तम्भय स्वाहा।

**विधि**—श्मशान में प्यासा बैठकर जाप करें, तो मेघ का स्तम्भन हो जायेगा। बादल घुमड़-घुमड़ कर आयेंगे परन्तु वर्षा नहीं होगी।

## वर्षा कराने का मंत्र

ॐ नमो रम्ल्व्यूं मेघ कुमाराणां

ॐ ह्रीं श्रीं क्षम्ल्व्यूं मेघ कुमाराणां वृष्टिं कुरु-कुरु ह्रीं संवौषट्।

**विधि**—इस मंत्र का एक लाख बार विधिपूर्वक जप करें तथा जब पानी बरसाना हो तब उपवास करके पाटा पर यह मंत्र लिखकर इसकी पूजा करें तो पानी बरसेगा।

## णमोकार महामंत्र

### णमो अरिहंताणं, णमो सिद्धाणं, णमो आयरियाणं,
### णमो उवज्झायाणं, णमो लोए सव्वसाहूणं।

**विधि**—यह सर्वाधिक प्रसिद्ध जैन मंत्र है। यह पंच नमस्कार मंत्र सब पापों का नाश करने वाला है और सब मंगलों में महान मंगल है। इसके पढ़ने से आनन्द मंगल होता है, क्योंकि इसके पढ़ते ही लोक की असंख्य महान आत्माओं का स्मरण व आशीर्वाद प्राप्त होता है।

यह मूल मंत्र 35 अक्षरों का होने से पंचत्रिंशतक्षरी-मंत्र कहलाता है परन्तु इस मंत्र के पाँचों पदों के आगे ओंकार (ॐ) लगा दिया जाए, तो यह णमोकार मंत्र और अधिक शक्तिशाली बन जाता है, जिसके जपने से व्यक्ति का पराक्रम बढ़ता है व सिद्धि की प्राप्ति होती है। यदि णमोकार मंत्र तीन बार पढ़कर धूल चुटकी में लेकर फूँक दे और वह धूल जिसके सिर पर डालेंगे वह तुरंत वश में हो जाता है।

चौथ या चतुर्दशी शनिवार को णमोकार मंत्र पढ़कर शत्रु के सन्मुख जाकर दाहिनी ओर खड़े होकर मंत्र का मानसिक जप करें तो शत्रु भी आज्ञाकारी सेवक हो जाता है। यदि णमोकार मंत्र उल्टा जपें तो बन्दी मोक्ष होता है। परन्तु बिना कार्य उल्टा न जपें। णमोकार मंत्र के प्रत्येक पाद में ॐ के पीछे 'ह्रीं' का सम्पुट लगाने पर यह परम वशीकरण-मंत्र बन जाता है। जब किसी राजा, हकीम या उच्च पदाधिकारी से मिलने जाना हो तो, सिर पर पगड़ी का दुपट्टा बाँधते वक्त 21 बार मंत्र पढ़कर उसके पल्ले में अभीष्ट व्यक्ति का ध्यान धरकर गाँठ बाँध दें। सिर पर वह वस्त्र पहनकर जावें, तो उच्चाधिकारी मेहरबान होकर आपकी इच्छानुकूल कार्य करेगा।

एसो पंच णमोयारो सव्वपावप्पणासणो, मंगलाणं च सव्वेसिं

पढमं हवइ मंगलम् ॐ हूँ फट् स्वाहा

**विधि**—णमोकार मंत्र के पीछे यदि उपरोक्त पद जोड़ दिया जाए तो यह रक्षा मंत्र हो जाता है। इस मंत्र से आत्मरक्षा होती है तथा इस मंत्र से काले धागे में पाँच गाँठ लगाकर जिसको पहना दिया जाए उसकी भी रक्षा हो जाती है।

## निधि दर्शन मंत्र

ॐ ह्रीँ धरणेन्द्र पार्श्वनाथाय नमः निधि दर्शनं कुरु-कुरु स्वाहा।

**विधि**—नेत्र बन्द करके इस मंत्र के सवा लाख जप करें। तत्पश्चात् मंत्र बोलते हुए हाथों से नेत्रों को स्पर्श करें, तो भू-गर्भ में छिपी हुई निधि (दौलत) दिखेगी।

## स्त्रियों का रक्त स्राव बन्द करना

ॐ नमो लोहित पिंगलाय मातंग राजानां स्त्रीणां रक्तं

स्तम्भय-स्तम्भय ॐ तद्यथा हुसु-हुसु, लघु-लघु, तिलि-तिलि,

मिलि-मिलि स्वाहा।

**विधि**—रक्तसूत्र या मौली को दोहरा करके सात गाँठें लगावें तथा इक्कीस बार इस मंत्र से अभिमंत्रित कर डोरा स्त्री के वाम पैर के अंगूठे पर बाँध दें, तत्काल रक्तस्राव बन्द होगा।

## रोजी रोजगार का मंत्र

ॐ नमो नगन चीटी महावीर, हू पूरों तोरी आशा, तू पूरो मोरी आशा।

**विधि—**भूने हुए चावल एक सेर, पाव सेर शक्कर, आधा पाव घी, इन सब चीजों को मिलाकर प्रातःकाल सबेरे उठते ही जहाँ पर चींटियों का बिल हो, वहाँ जाकर मंत्र पढ़ते जायें और एकत्रित सामग्री को थोड़ी-थोड़ी करके चींटियों के बिल पर डालते जायें। इस प्रकार 40 दिन तक करने पर तुरन्त रोजगार मिलता है तथा एक संकल्पित मन की इच्छा पूर्ण होती है।

## बिना याचना के भोजन मिलने का मंत्र

ॐ रत्नत्रयाय मणिभद्राय महायक्ष सेनापतये ॐ कलि-कलि स्वाहा।

**विधि—**दातौन करने योग्य किसी भी वृक्ष की कोमल टहनी के सात टुकड़े करके इस मंत्र से इक्कीस बार अभिमंत्रित करके प्रातःकाल दातौन करके फेंक दें, तो बिना माँगे भोजन मिलता है। अर्थात् भोजन के लिए किसी से याचना नहीं करनी पड़ती है।

## पद्मावती साधने का मंत्र

ॐ आँ क्रौं ह्रीं ऐं क्लीं ह्रौं पद्मावत्यै नमः।

**विधि—**इस मंत्र के सवा लाख जाप मूँगे की माला पर करने से पद्मावती देवी के प्रत्यक्ष दर्शन होते हैं तथा साढ़े बारह हजार जप करने पर स्वप्न में दर्शन होते हैं। पद्मावती के दर्शन से साधक को प्रचुर द्रव्य की प्राप्ति होती है तथा सरस्वती का वास जिह्वा पर हो जाता है।

## रक्षा मंत्र

ॐ णमो अरहंताणं ॐ णमो सिद्धाणं ॐ णमो आइरियाणं ॐ णमो उवज्झायाणं ॐ णमो लोए सव्व साहूणं एसो पंच णमोयारो सव्व पावप्पणासणो।
मंगलाणं च सव्वेसिं पढ़म हवई मंगलं ॐ ह्रीं हूँ फट् स्वाहा।।

**विधि**—इस मंत्र को पढ़ने से सर्व विघ्नों से रक्षा होती है।

## सर्व कार्य सिद्धि यंत्र

ॐ ह्रीं श्रीं अर्हं अ सि आ उ नमः स्वाहा।

**विधि**—यह मंत्र सर्व कार्य सिद्ध करने वाला है। जो एक वर्ष तक दोनों समय संयम पूर्वक 5-5 माला का जप करता है। उसकी सब विपत्तियाँ दूर हो जाती हैं।

## सर्वरोग निवारण मंत्र

ॐ ह्रीं श्रीं क्लीं क्लौं क्लौं अर्हं नमः।

**विधि**—इस मंत्र को तीनों कालों में 108 बार जप करने से सभी प्रकार के रोग दूर हो जाते हैं।

## मस्तक दर्द नाशक मंत्र

क्षँ क्षूँ शिरोवेदना नाशय स्वाहा।

**विधि**—इस मंत्र को 21 बार पढ़ने से सिर की वेदना दूर होती है।

## महामृत्युञ्जय मंत्र

ॐ ह्रां णमो अरहंताणं ॐ ह्रीं णमो सिद्धाणं
ॐ ह्रूं णमो आइरियाणं ॐ ह्रौं णमो उवज्झायाणं
ॐ ह्रः णमो लोए सव्व साहूणं मम सर्व ग्रहारिष्टान् निवारय
निवारय अपमृत्यु घातय-2 सर्व शांतिं कुरु-कुरु स्वाहा।

**विधि**—विधि पूर्वक सवा लाख अथवा 31 हजार जाप करके दशांश आहूति देवें तो अपमृत्यु का योग टल जाता है।

## बिच्छु विष हरण मंत्र

1. ॐ नमो भगवते पार्श्वनाथाय धरणेन्द्र पद्मावती सहिताय
अष्टादश वृश्चिकाणां विषं हर-हर आँ क्रौं ह्रां स्वाहा।

**विधि**—इस मंत्र को पढ़ते जायें और बिच्छु के काटे हुए स्थान पर झाड़ा देते जायें तो बिच्छु का जहर उतर जाता है।

2. ॐ अमृत मालिनी ठः ठः स्वाहा।

**विधि**—इस मंत्र के द्वारा झाड़ने से बिच्छु का जहर उतर जाता है।

## एकान्तरा ज्वर नाशक मंत्र

ॐ ए हु सुउग्गई सुरेए जिब्भंति तिमिर संघायां अणलिए वयणा
सुद्धाए गंतरमापुणो एहि हूँ फट स्वाहा।

**विधि**—इस मंत्र से झाड़ते जाने से एकान्तरा ज्वर दूर हो जाता है।

## उदर दर्द नाशक मंत्र

ॐ इटि मिटि भस्मं करि स्वाहा।

**विधि**—इस मंत्र को 28 बार पढ़कर जल मन्त्रित करके पिलाने से पेट का दर्द शान्त होता है।

## चक्षुदर्द नाशक मंत्र

ॐ विष्णु रूपं महा रूपं ब्रम्हरूपं महागुरुं शंकर प्राणिपादेयं

अक्षिरोगं मा ह ह रौ ह्र ह्रूं हिरंतु स्वाहा।

**विधि**—इस मंत्र से जल 21 बार मन्त्रित करके जल आँखों पर छिड़कें तो चक्षु पीड़ा शान्त होती है।

## सर्प विष हर मंत्र

ॐ नमो रत्नत्रयाय अमले विमले स्वाहा।

**विधि**—इस मंत्र को 108 बार पढ़ते हुए हाथ से झाड़ा देते जायें व 108 बार मंत्र द्वारा पानी मन्त्रित करके पिलाने से सर्प विष उतरता है।

## मुख रोग नाशक मंत्र

ॐ नमो अरहउ भगवउ मुख रोगान्, कंठ रोगान्,<br>जिह्वा रोगान् ताजुरोगान्, दंतरोगान् ॐ प्राँ प्रीँ प्रूँ प्रः सर्व रोगान्<br>निवर्तय-निवर्तय स्वाहा।

**विधि**—इस मंत्र से जल मन्त्रित कर कुल्ला करने से सर्व मुख रोग नष्ट होते हैं।

## प्रसूति संकट निवारण मंत्र

ॐ ह्रीं श्रीं क्लीं कलिकुंड स्वामिन्...अमुकस्य गर्भं मुंच मुंच स्वाहा।

**विधि**—इस मंत्र से तेल मन्त्रित कर पेट पर लगाने से सुख पूर्वक प्रसूति होती है।

## सिर रोग नाशक मंत्र

ॐ सिद्धि ॐ शंकरू महादेव देहि सिद्ध तेल।

**विधि**—इस मंत्र से तेल अभिमन्त्रित करके सूँघें तो सर्व प्रकार के सिर दर्द नष्ट होते हैं और इस तेल से गुमड़ा, फोड़ा, घाव, अग्निदाह इत्यादि रोग नष्ट हो जाते हैं।

## सन्तान दायक मंत्र

ॐ ह्रीं अ सि आ उ सा ह्रां ह्रीं ह्रूं ह्रौं ह्रः मम सुपुत्रं सुखारोग्य

देहि-देहि सर्वायु ऐश्वर्य मुक्तं उत्पादय-उत्पादय नमः स्वाहा।।

**विधि**—इस मंत्र की 21 दिन तक 1-1 माला जपें तो संतान की प्राप्ति होती है।

## बवासीर रोग नाशक मंत्र

उमवति उमवति चल स्वाहा।

**विधि**—इस मंत्र से लाल डोरे में 21 बार मंत्र बोलकर तीन गाँठ देवें और पाँव के अंगूठे को बाँध देवें। फौरन आराम होवे।

## पीलिया रोग निवारण मंत्र

ॐ नमो आदेश गुरु की रामचन्द्र सरसाधा लक्ष्मण सादा बाण

काल पीला रातापीला ॐ थोथापीला चारों उड़्ज्यों रामचन्द्रजी

थाके नाम मेरी भक्ति गुरु की शक्ति फंस मंत्र स्वर वाचा।

**विधि—**सात सुई लेकर एक कटोरी में जल लेवें तथा एक कटोरी खाली लेवें। उन सात सुईयों से खाली कटोरी में मंत्र बोलकर जल छोड़ते जावें। 21 बार ऐसा करने से पीलिया रोग से मुक्ति मिलती है।

## आधा शीशी नाशक मंत्र

बन में ब्यानी बदर्श काचा वन फल खाय।

महावीर की हाक से आधा सीसी जाय॥

**विधि—**चूल्हे की राख लेकर सिर पर लगाते जावें और यह मंत्र बोलते जावें 21 बार झाड़ें इस मंत्र से झाड़ने वाला बिना जंगल गए प्रातः रोगी को झाड़ा देवे तो शीघ्र लाभ होता है।

## पुत्र सम्पदा प्राप्ति मंत्र

ॐ श्रीँ ह्रीँ क्लीँ अ सि आ उ सा चुलु-चुलु, हुलु-हुलु,

मुलु-मुलु इच्छिय मे कुरु-कुरु स्वाहा।

**विधि—**इस मंत्र को 24 हजार फूलों से जपना चाहिये। एक पुष्प पर एक जाप करें। इससे धन-दौलत, स्त्री, पुत्ररत्न, मकान और सर्व सम्पत्ति प्राप्त होती है।

## बिच्छु विष नाशक मंत्र

ॐ फूः

**विधि**—जहाँ बिच्छु ने काटा हो वहाँ श्रद्धा सहित इस मंत्र को पाँच बार शुद्ध बोलकर पाँच बार फूँक देने पर विष का नाश होता है।

## सिर दर्द नाशक मंत्र

ॐ क्षीँ क्षीँ क्षीँ हः स्वाहा।

**विधि**—इस मंत्र का जाप करते हुए मस्तक पर हाथ फेरने से सिर दर्द ठीक होता है।

## धरण ( नाभि ) बैठाने का मंत्र

ॐ नमो आदेश गुरु कुजादेश पवन पाणी कुजा, आदेश मेघमाला
कुजा, आदेश एक करी जाण्या तिकुभिः, आदेश धरणी बंध,
पाताल बंध, वायबंध, पित्तबंध, कफ बंध, रण बंध, धरणी
अमुका नइ
बंध बंधन बंधइ तो हनुमंत की आज्ञा कुं रह गुरु की शक्ति
फुरो मंत्र इस्वरो वाचा।

**विधि**—कुवाँरी कन्या के द्वारा काते हुए सूत्र को इस मंत्र से मंत्रित कर कमर में बाँधने से धरण स्वस्थान पर आ जाती है।

## स्वप्रेश्वरी मंत्र

ॐ ह्रीं ला ह्वा प्लक्ष्मी स्वाहा।

**विधि**—इस मंत्र को पढ़ते हुए चन्दन का लेप करके सोने पर स्वप्न में शुभाशुभ ज्ञात होता है।

## जल बंध मंत्र

ॐ नमो आदेश गुरु ॐ जल बंधू, थल बंधू दूढर दाई

चोर साल अहे मा बंध सरलाजे तोहण मतकी दुहाई मेरी भक्ति

गुरु की शक्तिफुरों मंत्रों इस्वरो वाचा जल बंधू अहे मो बंधं॥

**विधि**—इस मंत्र से 7 कंकड़ मन्त्रित कर पानी में डालें, तो जल बंधन होता है।

## पादादि रोग नाशक मंत्र

ॐ ह्रीं अर्हं णमो सव्वजिणाणं पादादि सर्व रोग विनाशनं भवतु॥

**विधि**—इस मंत्र की रोज 108 बार जाप करने से रोग से मुक्ति मिलती है।

## स्त्री रोग नाशक मंत्र

ॐ ह्रीं स्त्रीरोग विनाशनाय श्री मुनिसुव्रत जिनेन्द्राय नमः॥

**विधि**—इस मंत्र की रोज 108 बार जाप करने से सभी प्रकार के स्त्री रोग समाप्त हो जाते हैं।

## प्रतिवादी शक्ति स्तंभन मंत्र

ॐ ह्रीँ अर्हँ णमो पत्तेय बुद्धाणं प्रतिवादी विद्या विनाशनं भवतु।

**विधि**—इस मंत्र की रोज 108 बार जाप करने से प्रतिवादी की शक्ति का स्तंभन होता है।

## स्तम्भन मंत्र

ॐ ह्रीँ अर्हं अ सि आ उ सा अप्रतिचक्रे फट् विचक्राय

अग्नि मेघ वायु कुमार स्तंभय स्तंभय स्वाहा।

**विधि**—इस मंत्र की 108 बार जाप कर सरसों के दाने क्षेपण करने से अग्नि, पानी तथा वायु का स्तंभन होता है।

## क्षेत्रपाल मंत्र

ॐ खं क्षेत्रपालाय नम:

**विधि**—ताम्र पत्र पर क्षेत्रपाल की मूर्ति बनाकर उस पर जल व दुग्ध धारा करते हुए एक लाख जप करने से मंत्र सिद्ध होता है, क्षेत्रपाल प्रसन्न होते हैं।

## गरुड़ मंत्र

क्षिप ॐ स्वाहा।

**विधि**—पाँच लाख जप करें। इससे शत्रु शान्त होता है तथा जीवन में पूर्ण विजय पाने में सफलता मिलती है।

## स्वप्न दर्शन मंत्र

चउवीस तीर्थंकर तणी आण पंच परमेष्ठि तणी आण, चउवीस तिर्थंकर तणी तेजी, पंच परमेष्ठि तणी तेजी, ॐ ह्रीँ अर्हं उत्पत्तये।

**विधि**—जब रविपुष्य योग आवे, तब उस संध्या को स्नान कर सुगन्धित तेल, चंदन का लेप कर सुगंधित पुष्पों की माला गले में पहन कर पवित्र स्थान पर शुद्ध वस्त्र पहन कर खड़े होकर पूर्वदिशा की ओर मुख करके स्फटिक की माला से एक माला करें, इसके बाद जो कार्य सोचा हो उसका चिंतवन करते हुए धरती पर सो जावें तो 2 घंटे होने पर स्वप्न में उस कार्य के शुभाशुभ का आभास होगा। उस दिन सफलता न मिले, तो 2 दिन तक इसी प्रकार करें। 21 दिन तक 1-1 माला दस दिशाओं में फेरें। बाद में जब आवश्यकता हो तब रात्रि के समय 1 माला फेरकर जमीन पर सो जावें, चंदन घिस कर कान पर लगाएँ। स्वप्न में प्रश्न का पूर्ण उत्तर प्राप्त होगा। कान में बीच में चटका लगेगा, तो घबराएँ नहीं।

## विवाद विजय मंत्र

ॐ अर्हं ऐँ श्रीँ अ सि आ उ सा नमः।

**विधि**—मंत्र को 21 बार स्मरण कर वाद विवाद करें, तो विजय होगी।

## स्वप्न में आवाज आने का मंत्र

ॐ ह्रीँ क्ष्वीँ स्वाहा।

**विधि**—ललाट पर लाल चंदन लगाकर इस मंत्र की 1 माला फेरकर सो जाएँ, तो प्रश्न का उत्तर मिलेगा। एक रात्रि में ऐसा न हो, तो 3 रात्रि तक ऐसा ही करें।

## विद्वान बनने का मंत्र

ॐ णमो सयंबुद्धाणं झ्रौं झ्रौं स्वाहा।

**विधि**—108 दिन तक इस मंत्र की 1-1 माला सफेद रंग की माला से पूर्व दिशा की ओर मुख करके फेरें। मंत्र साधक आगम का ज्ञाता हो।

## जल भय निवारण मंत्र

ॐ णमो अरहंताणं तिन्नाणं तारयाणं वम्ल्व्यूं स्वाहा।

**विधि**—1000 जाप करके प्रथम इस मंत्र को सिद्ध कर लें, जल यात्रा, करते समय 1 माला फेरकर जावें, तो जल सम्बन्धी सभी भय का नाश हो और शत्रु, शत्रुता छोड़ देंगे।

## कर्ण पिशाचिनी देवी मंत्र

ॐ ह्रीं अर्हं णमो जिणाणं, लोगुत्तमाणं, लोगनाहाणं, लोगहियाणं,

लोग पज्जोयगराणं मम शुभाशुभं दर्शय दर्शय कर्ण पिशाचिनी नमः स्वाहा।

**विधि**—प्रतिदिन स्नानादि से निवृत्त होकर शुद्ध वस्त्र पहनकर पूर्व की ओर मुखकर रुद्राक्ष की माला से दशों दिशाओं में 1-1 माला फेरें, एकासन करें, ब्रम्हचर्य से रहें।

## श्री मणिभद्र भूतप्रेत निवारण मंत्र

श्री मणिभद्र देव एषः योगः फलतु॥ (3 बार बोले) ॐ नमो भगवते मणिभद्राय, क्षेत्रपालाय, कृष्ण रूपाय, चतुर्भुजाय, जिन शासन भक्ताय, नवनाग सहस्र बलाय, किन्नर, किंपुरुष, गंधर्व राक्षस, भूत, प्रेत, पिशाच सर्व शाकिनीनां निग्रहं कुरु-कुरु स्वाहा मां रक्ष-रक्ष स्वाहा॥

**विधि**—उत्तर दिशा की ओर मुँह करके लाल रंग की माला से 3 दिन में 12500 जाप करें। एकासन करें, ब्रम्हचर्य से रहें। मंत्र सिद्ध हो जाने के बाद रोज 1-1 माला फेरें-भूत प्रेतादि सब बाधाएँ दूर होंगी।

## वशीकरण मंत्र

ॐ हुँ फट्।

**विधि**—जिस किसी के सामने खड़े होकर 100 बार इस मंत्र का उच्चारण करें तो साधक जो कहेगा सामने वाला वही करेगा।

## कामण ठुमण मंत्र

ॐ ह्रीँ जंघा चारणाणं ॐ ह्रीँ विज्जाहराणं ॐ ह्रीँ

विउव्वइड्ढि पत्ताणं ॐ ह्रीँ आगासगामीणं नमः स्वाहा।

**विधि**—रविवार के दिन इस मंत्र को भोज पत्र पर यक्ष कर्दम की स्याही से लिखें। यंत्र मादलिये में डालकर पास में रखें, तो उसके ऊपर कोई कामण ठुमण करेगा, तो उस पर असर नहीं होगा। उसकी कीर्ति व इज्जत उत्तरोत्तर बढ़ती जाती है।

## चक्रेश्वरी देवी रक्षा का मंत्र

ॐ ह्रीँ क्लीँ श्रीँ चक्रेश्वरी मम रक्षां कुरु कुरु स्वाहा।

**विधि**—इस मंत्र की रोज 108 बार जाप करना चाहिये।

## श्री कर्ण पिशाचिनी मंत्र

ॐ कर्ण पिशाचिनी महादेवी रति प्रिये स्वप्न कामेश्वरी पद्मावती त्रैलोक्यवार्तां कथय-कथय स्वाहा।।

**विधि**—एक एकान्त कमरे को साफकर एक चौकी रखकर धूप, अग्नि में खेवें। पूर्व की ओर मुँह करके प्रतिदिन एक माला फेरें, माला फेरते समय धूप खेते रहना चाहिए। जिस दिन मंत्र आरंभ करें उस दिन उपवास करें। साधना 9 दिन तक करनी चाहिए। अंतिम दिन शक्कर व गुग्गल का हवन करें। साधना समाप्ति तक उसी स्थान पर सोना चाहिए। कुँवारी कन्या को 3 दिन खीर का भोजन करावें। तीसरे दिन चुनरी आदि दक्षिणा देवें।

**प्रश्न विधि**—इस प्रकार साधना करने के बाद जब कोई प्रश्न करे उस समय 7 बार जप कर दाहिना हाथ कान पर रखें, तो तुरंत देवी कान में उत्तर देगी।

## सर्व भय निवारण मंत्र

ॐ णमो जिणाणं जिय भयाणं कित्तणे भयाइं उवसंमतु ह्रीँ स्वाहा।

**विधि**—इस मंत्र को भोजपत्र पर गोरोचन व कुंकुम से लिखें। तथा लाल डोरे में बाँधे, तो हर प्रकार के भय से रक्षा होगी।

## बुद्धि निर्मल करने का मंत्र

ॐ णमो सव्वन्नूणं सव्व दरिसीणं मम णाणाइ सयं कुरु कुरु ह्रीँ नमः

**विधि**—इस मंत्र की प्रतिदिन 1 माला फेरने से बुद्धि निर्मल होती है और दूसरे के मनोभाव जानने की शक्ति प्राप्त होती है।

## विद्या प्राप्ति मंत्र

ॐ ह्रीँ श्रीँ ऐँ वद-वद वाग्वादिनी सरस्वती तृष्टिं पुष्टिं तुभ्यं नमः।

**विधि**—इस मंत्र को प्रातःकाल 1 मास तक 21 बार जाप करें।

## सर्व कार्य सिद्धि मंत्र

ॐ ह्रीँ श्रीँ क्लीँ ब्लूँ अर्हं नमः।

**विधि**—इस मंत्र की त्रिकाल 1-1 माला फेरें।

## अचिन्त्यफलदायक मंत्र

ॐ ह्रीँ स्वर्हं नमोऽर्हतांग ह्रौँ नमः।

**विधि**—इस मंत्र का 108 बार श्रद्धा पूर्वक श्री वृषभनाथ भगवान की प्रतिमा के समुख, बैठकर प्रतिदिन जाप करने से सर्व कार्य सिद्ध होते हैं।

## संकट हरण मंत्र

ॐ ह्रीँ क्लीँ श्री पद्मावती पराक्रम साधिनी, दुर्जन मति विनाशनी, त्रैलोक्य क्षोभनी श्री पार्श्वनाथ उपसर्ग निवारिनी, क्लीँ ब्लूँ मम

दुष्टं हन-हन कार्याणी साधय साधय कुरु-कुरु स्वाहा।

**विधि—**इस मंत्र को जपने से उपसर्ग मिटता है। इस मंत्र का हर समय स्मरण करने से देव व्यन्तर शत्रु आदि कृत उपसर्ग मिटता है।

## व्यापार द्वारा धन लाभ दायक मंत्र

ॐ ह्रीँ श्रीँ क्रीँ क्लीँ श्री लक्ष्मी मम गृहे धन पूरय-पूरय चिन्ता दूरय-दूरय स्वाहा।

**विधि—**इस मंत्र की 108 जाप करें धन लाभ होगा।

## शत्रु तथा भूत पिशाच निवारण मंत्र

ॐ ह्रीँ अ सि आ उ सा सर्व दुष्टान- स्तंभय-मोहय-मोहय, अंधय अंधय-भागे। बालक, स्त्री, पुरुष को भूत प्रेत पिशाचादि सताव तो मूकवत्कराय कुरु-कुरु ह्रीँ दुष्टान् ठः ठः ठः।

**विधि—**जब कोई शत्रु चढ़ आवे या मुकाबले को जावें, तो मंत्र 108 बार पढ़कर मुट्ठी बाँधकर जप करके जावें, तो शत्रु भाग जायेगा मुट्ठी बाँधकर 108 बार प्रातःकाल व सायंकाल झाड़ा लगावें तो भूत-प्रेत भाग जायेंगे।

## अचिन्त्य विद्या फल प्राप्ति मंत्र

ॐ जोग्गे मोग्गे तच्चे भूदे भविस्से अक्खे जिण पारिस्से स्वाहा।

**विधि**—इस मंत्र को 108 बार श्रद्धा पूर्वक श्री वृषभनाथ भगवान की प्रतिमा के सम्मुख बैठकर प्रतिदिन जाप करने से सर्वकार्य सिद्ध होते हैं।

## पाप भक्षिणी मंत्र

ॐ अर्हन्मुखकमलनिवासिनी पापात्मक्षयंकरी

श्रुतज्ञानज्वालासहस्रप्रज्ज्वलिते! सरस्वती मत्पापं हन-हन दह-दह

पच-पच क्षाँ क्षीँ क्षूँ क्षौँ क्षः क्षीरवरधवले अमृतसंभवे अमृतं

स्रावय-स्रावय वं वं हूँ हूँ स्वाहा।

**विधि**—इस मंत्र की 108 बार जाप करने से ज्ञानावरण कर्म का क्षयोपशम बढ़ता है एवं सरस्वती प्रसन्न होती हैं।

## सर्व रोग विनाशक मंत्र

ॐ णमो भगवते श्री पार्श्वनाथाय धरणेंद्र पद्मावती सहिताय

एकाह्निक द्वयाह्निक त्र्याह्निक चातुर्थिक पक्ष मासिक वात पित्त

कफ श्लेष्म सान्निपातिक सर्व रोगानां, सर्व दुष्टानां, सर्व शाकिनीनां नाशय-नाशय, त्रासय-त्रासय, क्षोभय-क्षोभय, विक्षोभय-विक्षोभय

ॐ हूँ फट् स्वाहा।

**विधि**—इस मंत्र का 108 बार झाड़ा देने से सर्व रोग क्षय होते हैं।

## सर्वकार्य सिद्धि मंत्र

ॐ नमो भगवते चन्द्रप्रभ जिनेन्द्राय चंद्र महिताय चन्द्रकीर्ति
मुख रंजिनी स्वाहा।

**विधि**—इस मंत्र को चंद्र प्रभु भगवान के सामने जाप करें। शरद पूर्णिमा पर चन्द्रमा के सामने बैठकर जाप करें।

## ज्वाला मालिनी देवी सिद्धि मंत्र

ॐ ह्रीँ श्रीँ अर्हं चन्द्रप्रभ पाद पंकज निवासिनी ज्वाला मालिनी
तुभ्यं नमः।

**विधि**—इस मंत्र को 6 दिन तक पिछली रात्रि में शुद्ध होकर 3 माला का जाप करें, तो ज्वाला मालिनी देवी प्रत्यक्ष दर्शन देती हैं।

## लक्ष्मी प्राप्ति मंत्र

ॐ ह्रीँ श्रीँ हर-हर स्वाहा।

**विधि**—इस मंत्र को 108 बार सफेद पुष्पों से 3 दिन तक जप करने से सर्व सम्पत्तिवान होता है। जाप श्री पार्श्वनाथ भगवान की प्रतिमा के सामने करना चाहिये।

## पद्मावती प्रसन्न मंत्र

ॐ प्रसन्नतरे प्रसन्न कारिणि ह्रौँ स्वाहा।

ॐ क्लीँ ब्लूँ लीँ घ्रीँ कलिकुंड भगवति स्वाहा।

**विधि**—इस मंत्र का जाप 1008 बार ज्येष्ठ माह में करने से पद्मावती महादेवी प्रसन्न होती हैं।

## कर्ण पिशाचिती देवी सिद्ध करणी मंत्र

ॐ धेंठ स्वाहा।

**विधि**—इस मंत्र का जाप लाल फूलों से 1 लाख जाप करने से सिद्ध होता है। भूत, भविष्य, वर्तमान की जो बात पूछो वह सब बात मालूम हो जायेगी।

## सर्व शान्ति करण मंत्र

ॐ ह्रीँ अर्हं अ सि आ उ सा नमः सर्व विघ्न शान्तिं
कुरु कुरु स्वाहा।

**विधि**—इस मंत्र की रोज 108 बार जाप करने से सर्व शांति होती है।

## गृह क्लेश निवारण मंत्र

ॐ ऐं ह्रीं झ्रौं झ्रौं सुविहिं च पुप्फदंत सीयलं सिज्झं सेयंवापूज्जं च विमल मणंतं च धम्मं संति च वंदामि कुंथुं अरं च मल्लिं वन्दे मुणि सुव्वयं च स्वाहा।

**विधि**—इस मंत्र का विधि पूर्वक सवा लाख जप करने से आपस के झगड़े और ग्रह क्लेश शान्त होते हैं, बैर भाव नष्ट होता है। फिर एक माला नित्य फेरने से साधु संघ में एवं गृहस्थ में मन मुटाव दूर होता है तथा गृहस्थ सम्पतिवान होता है।

## संकट हरण मंत्र

ॐ नमो भगवते पार्श्वनाथाय धरणेन्द्र पद्मावती सहिताय फणामणि मंडिताय कमठ विध्वंसनाय सर्व ग्रहोच्चाटनाय सर्वोपद्रव शान्तिं कुरु कुरु स्वाहा।

**विधि**—इस मंत्र की रोज 108 बार जाप करने से संकटों का नाश होता है।

## विद्या प्राप्ति मंत्र

ॐ ह्रीं श्रीं क्लीं मुखमुद्रे स्वाहा।

**विधि**—इस मंत्र को 1 श्वास में 21 बार जपने से विद्या की प्राप्ति होती है।

## शान्ति कारक मंत्र

ॐ शांति-शांति शांतिप्रदे जगज्जीव हित शांति करे ॐ ह्रीं
भगवति शान्ते मम शान्तिं कुरु-कुरु शिवं कुरु-कुरु, निरूपद्रवं
कुरु-कुरु, सर्व भयं प्रशमय प्रशमय ॐ ह्रीं ह्रौं हः शांति स्वाहा

**विधि**—इस मंत्र का एक लाख जाप करें। तत्पश्चात् रोज 27 बार जपें तो शान्ति मिलेगी।

## मृत्युञ्जय मंत्र

ॐ ह्रां ह्रीं ह्रूं ह्रौं हः णमो जिणाणं जीवन लाभं कुरु-कुरु स्वाहा।

**विधि**—इस मंत्र की एक लाख जाप करने से अपमृत्यु का भय टल जाता है।

## वशीकरण मंत्र

ॐ पद्मे-पद्मावती पद्महस्ते राज्यमंत्री क्षोभय-शोभय राजवश्यं,
प्रजा वश्यं मम सर्व जन वश्यं कुरु-कुरु स्वाहा।

**विधि**—इस मंत्र को 21 बार पढ़कर मुँह पर दोनों हाथ फेरने से वशीकरण होता है।

## विघ्न विनाशक मंत्र

ॐ ह्रीं श्रीं ऐं अर्हं कलिकुंड दंड स्वामिने श्री पार्श्वनाथाय धरणेंद्र पद्मावती सहिताय मम सर्व विघ्न विनाशनाय नमो नमः।

**विधि**—इस मंत्र की 5000 जाप विधि पूर्वक करने से विघ्नों का नाश होता है।

## आकाश गामिनी मंत्र

ॐ णमो आगास गामणाणं झ्रौं झ्रौं स्वाहा।

**विधि**—इस मंत्र को 28 दिन तक अलूणा कांजी व्रत (एक बार भोजन) करके 108 जाप्य करने से 1 योजन तक आकाश में गति होती है।

## सरस्वती मंत्र

ॐ नमो मालिनी किली-किली सणि-सणि स्वाहा।

**विधि**—इस मंत्र को नित्यस्मरण करने से सरस्वती की प्राप्ति होती है तथा सरस्वती के समान वाक्य होते हैं।

## पद्मावती सिद्धि मंत्र

ॐ आँ क्रौं ह्रीं ऐं क्लीं ह्रौं पद्मावत्यै नमः।

**विधि**—इस मंत्र का सवा लाख जाप करने से पद्मावती माँ के प्रत्यक्ष दर्शन तथा 12500 जाप करने से स्वप्न में दर्शन होते हैं।

## लक्ष्मी दायक मंत्र

ॐ ह्रीँ श्रीँ क्लीँ महालक्ष्म्यै नमः ॐ णमो भगवउ गोयमस्स

सिद्धस्स बुद्धस्स अक्खीणस्स भास्वरी ह्रौँ नमः स्वाहा।

**विधि**—यह मंत्र नित्य प्रातःकाल शुद्धता पूर्वक दीप धूप सहित जपने से लक्ष्मी प्राप्ति होती है।

## ज्वर निवारक मंत्र

ॐ ह्राँ ह्रीँ श्रीँ सुग्रीवाय महाबल पराक्रमाय सूर्य पुत्राय अमित

तेजसे एकाह्निक द्वयाह्निक त्र्याह्निक चातुर्थिक, दृष्टि ज्वरं सान्निपातिकं

सततज्वरं तत्क्षणं षड्मासिकं सांवत्सरिकं सर्वान्

भीषय-2 विष्णु ज्वरं त्रासय 2 माहेश्वर ज्वरं निघातय 2 प्रेतज्वरं

अपस्मारादि महाव्याधिं नाशय नाशय, सर्व दोषान्

घातय 2 महावीर स्वामी ज्वरान् बंध-2 ह्राँ ह्रौँ ह्रूँ हः फट् स्वाहा

**विधि**—इस मंत्र से 21 बार झाड़ा देने से सर्व ज्वर निवारण होता है।

## सुख प्रसव मंत्र

ॐ मुक्ताः पाशा विमुक्ताशा मुक्ताः सूर्येण रश्मयः।

मुक्ताः सर्व भयाद् गर्भं एहि माचिर-माचिर स्वाहा॥

**विधि**—इस मंत्र को 108 बार पढ़कर जल अभिमंत्रित कर जल गर्भिणी स्त्री को पिलाने से तुरन्त सुख पूर्वक प्रसव होगा।

## बिच्छु विष निवारण मंत्र

ॐ नमो आदेश गुरु को कालो बिच्छू कांकार वालो उत्तर बिच्छू न कर टालो उतरौ तो उतारुँ, चढ़ै तो टालूं, गारुड़ मोर पंख हकालूं शब्द साचा पिंड काचा फुरो मंत्र ईश्वरी वाचा।

**विधि**—इस मंत्र से 6 बार झाड़ देने से बिच्छू का विष उतर जाता है।

## महामृत्युञ्जय मंत्र

ॐ ह्रौं ॐ जूं सः त्र्यम्बकं यजामहे भूर्भुवः सुगन्धि पुष्टि वर्द्धन उर्वा रुकमिव बंधनान् मृत्योर्मुक्षीय मामृतात् स्वरो भूर्भुवः जूं सः ह्रौं ॐ नमः।

**विधि**—प्रत्येक साधक को स्मरण रहे कि मृत्यु भय टालने व अकाल मृत्यु को समाप्त करने के लिए इससे बढ़कर मंत्र व अनुष्ठान नहीं है। सवा लाख मंत्र जाप करने से सिद्ध होता है। इसमें रोग निवारण की शक्ति है। मंत्र जप का दशांश बिल्व फल तथा तिल लेकर हवन किया जाता है। जप साधक का देह अन्तिम समय तक सुसंगठित, सुन्दर होता है। कुटुम्ब रक्षा, अकाल घात व बलाघात वत् अशुभ योगों हेतु सर्वाधिक योग्य हैं।

## स्वप्न चक्रेश्वरी मंत्र

ॐ नमः स्वप्न चक्रेश्वरी स्वप्ने अवतर-2 गतं वर्तमानं
कथय कथय स्वाहा।

**विधि—**आँगन को लीपकर दीपक जला लें तथा शक्कर के बताशे रख लें। फिर वहीं बैठकर 21000 बार जपें तथा मंत्र जपने के बाद में बताशे कुवाँरी कन्या को बाँट दें तो यह देवी सिद्ध होती हैं। तथा सारे प्रश्नों के उत्तर स्वप्न में दे देती हैं। यदि यह जप एक लाख सतत कर लिया जाये, तो स्वप्नेश्वरी देवी प्रत्यक्ष स्त्री रूप में आकर दर्शन देती हैं, तथा वरदान देती हैं।

## घंटाकर्ण मंत्र

ॐ यक्षिणी आकर्षिणी घंटाकर्णे विशाले माम् स्वप्न दर्शय-2
स्वाहा।

**विधि—**नित्य रात्रि को 1100 मंत्र जाप करें, तो 11 वें दिन उसके प्रश्न का उत्तर स्वप्न में मिल जाता है।

## वागेश्वरी मंत्र

ॐ नमो पद्मासने शब्दरूपे ऐं ह्रीं क्लीं वद-2 वाग्वादिनी स्वाहा।

**विधि—**इस मंत्र की रोज जाप करने से वागेश्वरी देवी प्रसन्न होती हैं।

## सर्पविष झाड़ने का मंत्र

खं खः।

**विधि**—जो व्यक्ति सर्प के काटने की खबर दे उस व्यक्ति को इस मंत्र से 108 बार पानी को मंत्रित कर दे दें और कहें कि जिस व्यक्ति को सर्प ने काटा है उसे जाकर यह पानी पिला दें। इस पानी को पीने से सर्प का विष उतर जाता है।

## दृष्टिदोष निवारक मंत्र

ॐ नमो भगवते पार्श्वतीर्थंकर नाथाय वज्र स्फोटनाय वज्र महावज्र सर्वज्वरं, आत्म चक्षु, परचक्षु, प्रेत चक्षु, डाकिनी चक्षु, शाकिनी चक्षु, सिंहारी चक्षु, माता चक्षु, पिता चक्षु वटारी चमारी एतेषां दृष्टिं बंधय 2 अवलते श्री पार्श्वनाथाय नमः।

**विधि**—इस मंत्र से झाड़ा देने से हर प्रकार का दृष्टि दोष दूर होता है।

## नजर उतारने का मंत्र

ॐ चन्द्रमिलि सूर्यमिलि कुरु कुरु स्वाहा।

**विधि**—इस मंत्र से झाड़ देवें व जल मंत्रित कर पिलावें, तो दृष्टि दोष दूर होता है।

## सर्व शान्ति मंत्र

ॐ ह्रां ह्रीं ह्रूं ह्रः अ सि आ उ सा सर्व शांतिं कुरु कुरु स्वाहा।

**विधि**—इस मंत्र का जाप प्रातःकाल विधिपूर्वक करने से सर्व शान्ति होती है।

## सर्वरोग नाशक श्री पार्श्वनाथ मंत्र

ॐ नमो भगवते पार्श्वनाथाय, येन मंत्रेण समाधि क्रियते रक्षां कुरु-कुरु वने वा, ग्रामे वा, नगरे वा, त्रिक्के वा, चच्चरे वा, चतुपतये वा, द्वारे वा, नगरे वा, वाही क्षुद्राणि, क्षत्रियाणी, वेष्यी, चंडालिनि, मांतगिनि। ॐ ह्रां ह्रीं ह्रूं ह्रौं ह्रः यक्ष तव प्रसादेन मम शरीरे अवतरंतु दुष्ट निग्रहं कुर्वंतु हूँ फट् फट् स्वाहा।

**विधि**—इस मंत्र की 108 बार जाप करने से सर्व रोगों का नाश होता है।

## स्वास्थ्यवर्धक मंत्र

ॐ ऐं ह्रीं सर्व भय विद्रावणि भयायैः नमः

**विधि**—इस मंत्र का स्मरण करके मार्ग गमन करें तो किसी प्रकार का भय नहीं होता।

## अचिन्त्य कार्य सिद्धि मंत्र

ॐ ह्राँ ह्रीँ ह्रूँ ह्रौँ ह्रः अ सि आ उ सा सर्व शांतिं तुष्टिं पुष्टिं कुरु कुरु स्वाहा

ॐ ह्रीँ नमः क्लीँ सर्वारोग्यं कुरु कुरु स्वाहा।

**विधि**—इस मंत्र से 108 बार जाप गुरुवार से पूर्व दिशा की ओर मुख करके आरम्भ करें। दीप धूप सहित 11000 जाप करें तो अचिन्त्य कार्य की सिद्धि होती है।

## सर्वभय नाशक मंत्र

ॐ श्रीँ ह्रीँ क्लीँ त्रिभुवन पालिन्यै महालक्ष्म्यै अस्माकं दारिद्रं नाशय नाशय प्रचुर धनं देहि-देहि क्लीँ ह्रीँ श्री ॐ नमः।

**विधि**—इस मंत्र का सवा लाख जाप करने पर दशांश आहूति देवें, तो महान कार्य की सिद्धि होती है।

## सर्वकार्य सिद्धि मंत्र

ॐ नमो भगवते चन्द्रप्रभ जिनेंद्राय चंद्र महिताय चन्द्र कीर्ति मुख रंजिनी स्वाहा।

**विधि**—इस मंत्र को चंद्र प्रभु भगवान के दाहिने, बायें और पीछे की ओर 10 हजार जाप करने से इच्छित प्रयोजन सिद्ध होता है एवं सर्व मारणादि भय नष्ट होते है।

## वशीकरण मंत्र

ॐ नमो भगवउ अरहउ पुष्पदंतस्स जिज्झष्यउ में भगवइ महई

महाविद्या पुफ्फ, महापुफ्फे पुफ्फसुई ठः ठः ठः स्वाहा।

**विधि**—इस मंत्र को दो उपवास करके आठ सौ जाप करें, फिर इस मंत्र से फल या पुष्प को 27 बार मन्त्रित कर जिसको दिया जाये, वह वश में हो जाता है।

## चोरी न होने का मंत्र

जले रक्षतु वाराहः स्थले रक्षतु वामनः।

अटव्यां नार सिंहश्च सर्वतः पातु केशवः॥

जले रक्षतु नन्दीशः स्थले रक्षतु भैरवः।

अटव्यां वीरभद्रश्च सर्वतः पातु शंकरः॥

अर्जुन फाल्गुनो जिष्णुः किरीटो श्वेत वाहनः।

वीभत्सु विजयः कृष्णः सव्यसाची धनञ्जय॥

तिस्त्रो भार्याः कफल्लस्य दाहिनी मोहिनी सती।

तासां स्मरण मात्रेण चोरो गच्छति निष्फलः॥

कफल्लकः कफल्लकः ठः ठः ठः स्वाहा।

**विधि**—रात्रि को सोते समय एक बार इस मंत्र का उच्चारण करके शयन करने से घर में चोरी नहीं होती।

## अर्द्धसिर रोग निवारक मंत्र

ॐ पूं पूं हः हः दुदुः स्वाहा।

**विधि**—इस मंत्र को केशर से भोजपत्र पर लिखकर कान में बाँधने से आधाशीशी रोग शांत होता है।

## कर्ण रोग नाशक मंत्र

ॐ क्षाँ क्षं क्षं स्वाहा।

**विधि**—मंत्र को पढ़कर कान में फूँकें तो कान का रोग ठीक हो जाता है।

## दृष्टिदोष झाड़ने का मंत्र

ॐ नमो सत्य नाम आदेश गुरु ॐ नमो नजर जहाँ पर पीर न जानी बोले छल सों अमृतवानी, कहो नजर कहाँ ते आई यहाँ को ठौर तोहि कौन बताई, कौन जात तेरो कहाँ ठाम, किसकी बेटी कहाँ तेरो नाम वहाँ से उड़ी कहाँ को जाया, अब ही बस घर ले तेरी माया, मेरी जात सुना चितलाय जैसी होय सुनाऊँ आय, तेलन तमोलन, हड्डी चमारी, कायथनी, खतरानी, महतरानी राजा का रानी, जाको दोष ताहि के सिर पड़े जाहर पीर नजर से रक्षा करे मेरी भक्ति गुरु की शक्ति, फुरोमंत्र-ईश्वरी वाचा।

**विधि**—मयूर पंख से एक बार मंत्र पढ़कर झाडें, तो नजर उतर जाए।

## श्वान विष नाशक मंत्र

सोवन कंचोलऊ राजादुधु पियइ घाव न आउघाई भस्मांत होई जाय।

**विधि**—कुत्ते के काटने पर इस मंत्र से भस्म मंत्रित करके लगाने से कुत्ते का विष दूर हो जाता है।

## बावासीर रोग नाशक मंत्र

ॐ लुंच मुंच स्वाहा।

**विधि**—इस मंत्र से पानी 21 बार मन्त्रित कर रोगी को पिलाने से बवासीर रोग नाश होता है।

## सर्ववायुरोग नाशक मंत्र

ॐ तारणि तारय मोचनि मोचय मोक्षणि जीव वरदे स्वाहा।

**विधि**—इस मंत्र से जल 21 बार मन्त्रित कर पिलाने व झाड़ देने से सर्व वायु का शमन होता है।

## नेत्ररोग नाशक मंत्र

ॐ ह्रॉं श्री पद्म प्रभाय नमः।

**विधि**—मन्त्रित जल से नेत्र प्रक्षालन करने से नेत्र दुखना बन्द होता है।

ॐ नमो भगवते आदित्य रूपाय आगच्छ-आगच्छ...अमुकस्य अक्षि रोगं अक्षि पीड़ा नाशय नाशय स्वाहा।

**विधि**—इस मंत्र को 24 बार जपने से आँख के रोग नष्ट होते हैं।

## विद्यामंत्र

ॐ ह्रीं श्रीं ऐं वाग्वादिनी भगवति अर्हन् मुख कमल निवासिनी सरस्वती ममास्ये प्रकाशं कुरु-कुरु स्वाहा ऐं नमः॥

**विधि**—यह मंत्र दीपावली की रात्रि को 12500 जाप जपने से सिद्ध होता है। साधक पूर्व दिशा की तरफ मुख करके बैठ कर श्वेत वस्त्र धारण कर कमलासन से यह मंत्र सिद्ध करें। इससे अविद्या का नाश तथा विद्या के क्षेत्र में पूर्ण सफलता प्राप्त होती है।

## भुवनेश्वरी मंत्र

ह्रीं

**विधि**—यह मंत्र 32 लाख जपने से सिद्ध होता है।

## कीर्ति प्रद मंत्र

ऐं क्लीं सौः।

**विधि**—इस मंत्र का 3 लाख जाप करें, तो इससे जीवन में पूर्ण समृद्धि सफलता एवं अक्षय कीर्ति की प्राप्ति होती है।

## कर्ण-पिशाचिनी मंत्र

ॐ ह्रीं कर्ण पिशाचिनी मम कर्णे कथय कथय हूँ फट् स्वाहा।

**विधि**—रात्रि को दीपक का तेल पैरों में मलकर एक लाख मंत्र जपने से मंत्र सिद्ध होता है।

## स्वप्नमातंगी मंत्र

ॐ नम: स्वप्न मातंगिनी सत्य भाषिणी स्वप्नं दर्शय-2 स्वाहा।

**विधि**—साधक को दिन रात बिना अन्न जल लिये रहना चाहिये तथा रात्रि को मात्र 108 बार मंत्र को जपकर वहीं पर सो जाये, तो उसी रात्रि को स्वप्न में प्रश्न का उत्तर मिल जाता है।

## घाव पीड़ा कम होवे और घाव भरे।।

सार-सार बिजै सरं बाँधू सात बार फटे अन्य उपजे घाव सीर
राखे श्री गोरख नाथ।

**विधि**—इस मंत्र को 7 बार पढ़कर घाव पर फूँक मारें, तो घाव की पीड़ा कम होवे और घाव भरे।

## दाद रोग नाशक मंत्र

गुरुभ्यो नम: देव-देव पूरी दिशा मेरुनाथ दलक्षना भरे विशाह तो
राजा

पैराधिन आज्ञा राजा वसु की के आन हाथ वेगे चलाव।

**विधि**—इस मंत्र से जल मंत्रित कर पिलाने से दाद ठीक होती है।

## सिररोग नाशक रोग

ॐ ऐं ह्रीं श्रीं कुलिकुंड दण्ड स्वामिने नमः आरोग्यं परमैश्वर्यं मां कुरु कुरु स्वाहा।

**विधि**—इस मंत्र का 108 बार जाप करें और हाथ को सिर पर फेरें तो सिर का दर्द ठीक होता है।

## सर्व विष हरण मंत्र

ॐ नमो भगवते श्री पार्श्व तीर्थंकराय हंसः महाहंसः शिवहंसः को झरेज्ज हंसः पक्षि महाविषं भक्ष भक्ष हूँ फट् स्वाहा॥

**विधि**—इस मंत्र को धीरे-धीरे जपने से गंडमाला, विषबेल, नासूर, दृष्ट वर्ण सर्व विष अपने स्थान से चला जाता है।

## सर्वरोग निवारण मंत्र

ॐ ह्रीं श्रीं क्लीं ऐं अर्हं अ सि आ उ सा भूर्भुवः स्वः चक्रेश्वरी देवी सर्वरोगं भिन्धि-भिन्धि ऋद्धिं वृद्धिं कुरु-कुरु स्वाहा।

**विधि**—इस मंत्र को त्रिकाल शुद्ध रीति से जाप करने से स्त्रीरोग सर्व रोग नाश होय और सर्व सिद्धियाँ प्राप्त होती हैं।

## त्रिभूवन स्वामिनी विद्या सिद्धि मंत्र

ॐ अरिहंते उत्पत्ति स्वाहा।

**विधि**—इस मंत्र का एक लाख जाप करने से विद्या सिद्ध होती है। इस विद्या के सिद्ध हो जाने पर जो पूछो वह सब कहेगी।

## शुभाशुभ कथयंति मंत्र

ॐ शुक्ले महाशुक्ले ह्रौं श्रीं क्षीं अवतर अवतर स्वाहा।

**विधि**—इस मंत्र की 1008 बार जपें फिर सोते समय 108 जाप करके सो जावें, तो स्वप्न में शुभाशुभ मालूम होता है।

## स्वप्नेश्वरी मंत्र

ॐ कृष्ण विलेपनाय स्वाहा।

**विधि**—इस मंत्र को रात को सोने के समय 108 बार जपें।

## पद्मावती सिद्धि मंत्र

ॐ क्रौं क्लीं ऐं श्रीं ह्रीं पद्मे पद्मासने नमः।

**विधि**—इस मंत्र का एक लाख जाप करने से पद्मावती माँ की सिद्धि होती है।

## क्षेत्रपाल सिद्धि मंत्र

ॐ क्षाँ क्षीँ क्षूँ क्षौँ क्षः क्षेत्रपालाय नमः।

**विधि**—इस मंत्र को त्रिकाल 12 हजार जाप करने से क्षेत्रपाल जी प्रसन्न होते हैं।

## दुकान खोलते समय बोलने का मंत्र

ॐ णमो भगवते विश्वचिंतामणि लाभ दे, रूप दे, जश दे, जय दे, आनय आनय महेश्वरी मन वांछितार्थ पूरय पूरय सर्व सिद्धिं ऋद्धिं वृद्धिं सर्व जन वश्यं कुरु कुरु स्वाहा।

**विधि**—दुकान खोलते समय पूर्व या उत्तर दिशा की ओर मुख करके इस मंत्र को 27 बार उच्चारण करके दुकान का ताला खोलें एवं भगवान का नाम स्मरण कर दुकान में प्रवेश करें तो दुकान अच्छी चलेगी।

## सर्वशत्रु शांति मंत्र

ॐ ह्रीँ श्रीँ अमुकं दुष्टं साधय-साधय अ सि आ उ सा नमः।

**विधि**—शनिवार, रविवार और मंगलवार की रात्रि में इस मंत्र से काली उड़द को 108 बार कर मंत्रित करके शत्रु के घर में डालने से शत्रु शांत हो जाता है।

## लक्ष्मी प्राप्ति का अद्‌भुत मंत्र

ॐ ह्रीँ श्रीँ क्लीँ ब्लूँ ठेँ ॐ घण्टाकर्ण महावीर

लक्ष्मीं पूरय पूरय सुख सौभाग्यं कुरु कुरु स्वाहा।

**विधि**—दीपावली महापर्व पर धनतेरस को इस मंत्र की 40 माला चतुर्दशी को 42 माला और अमावस्या को 43 माला लाल वस्त्र पहनकर लाल आसन पर बैठकर, पूर्व या उत्तर दिशा की ओर मुख करके जाप करें। जाप के स्थान में मंगल कलश विराजमान करें एवं तीर्थंकर की फोटो के सामने दीपक जलायें और धूप खेते जायें। तीनों दिन पूर्ण संयम रखें तो इस मंत्र के प्रभाव से लक्ष्मी की प्राप्ति होती है।

# नवग्रह शान्ति मंत्र

## सोमग्रह ( चन्द्रग्रह )

1. ॐ नमोऽर्हते भगवते श्रीमते चन्द्रप्रभ तीर्थंकराय श्याम यक्ष ज्वालामालिनी यक्षी सहिताय ॐ आँ क्रौं ह्रीं ह्रः सोम महाग्रह मम् दुष्ट ग्रह रोग कष्ट निवारणं सर्व शान्तिं च कुरु-कुरु हूँ फट् स्वाहा।

2. ॐ आँ क्रौं ह्रीं ह्रः फट् सोम महाग्रह मम् सर्व शान्तिं कुरु कुरु स्वाहा।

3. ॐ ह्रीं णमो अरिहंताणं (जप-10 हजार)

**विधि**—मोती अथवा सफेद सूत की माला से 11000 जाप करें।

## मंगल ग्रह

1. ॐ नमोऽर्हते भगवते श्रीमते वासुपूज्य तीर्थंकराय कुमार यक्ष गांधारी यक्षी सहिताय ॐ आं क्रौं ह्रीं ह्रः कुज महाग्रह मम् दुष्ट ग्रह रोग कष्ट निवारणं सर्व शान्ति च कुरु कुरु हूँ फट् स्वाहा।

2. ॐ आँ क्रौं ह्रीं ह्रः फट् कुजमहाग्रह मम् सर्वशान्तिं कुरु कुरु स्वाहा।

3. ॐ ह्रीं णमो सिद्धाणं (जप 10 हजार)

**विधि**—लाल मूंगा अथवा लाल सूत की माला से 10000 जाप करें।

## बुधग्रह

1. ॐ नमोऽर्हते भगवते श्रीमते शान्तिनाथ तीर्थंकराय गरुड़ यक्ष महामानसी यक्षी सहिताय ॐ आँ क्रौं ह्रीं ह्रः बुधमहाग्रहं मम् दुष्ट ग्रह रोग कष्ट निवारणं सर्वशान्तिं च कुरु-कुरु हूँ फट् स्वाहा।

2. ॐ आँ क्रौं ह्रीं ह्रः बुधमहाग्रह मम् सर्वशान्तिं कुरु कुरु स्वाहा।

3. ॐ ह्रीं णमो उवज्झायाणं (जप 10 हजार)

**विधि**—पन्ने की अथवा हरे सूत की माला से 14000 जाप करें।

## गुरु ग्रह

1. ॐ नमोऽर्हते भगवते श्रीमते आदिनाथ तीर्थंकराय गोमुख

यक्ष चक्रेश्वरी यक्षी सहिताय ॐ आं क्रौं ह्रीं ह्रः गुरु महाग्रह मम दुष्ट ग्रह रोग कष्ट निवारणं सर्व शान्तिं च कुरु कुरु हूँ फट् स्वाहा।

2. ॐ आं क्रौं ह्रीं ह्रः गुरु महाग्रह मम सर्वशान्तिं कुरु कुरु स्वाहा।

3. ॐ ह्रीं णमो आइरियाणं (जप 10 हजार)

**विधि**—पुखराज, सुनैला अथवा हल्दी या पीले सूत की माला से 19000 जाप करें।

## शुक्र ग्रह

1. ॐ नमोऽर्हते भगवते श्रीमते पुष्पदंत तीर्थंकराय अजित यक्ष महाकाली यक्षी सहिताय ॐ आँ क्रौं ह्रीं ह्रः शुक्र महाग्रह मम् दुष्ट ग्रह, रोग कष्ट निवारणं सर्व शान्तिं च कुरु कुरु हूँ कट् स्वाहा।

2. ॐ आं क्रौं ह्रीः ह्रः शुक्र महा ग्रह मम् सर्वशान्तिं कुरु कुरु स्वाहा।

3. ॐ ह्रीं णमो अरिहंताणं (जाप–10 हजार)

**विधि**—हीरा, स्फटिक अथवा श्वेत सूत की माला से 16000 जाप करें।

## शनि ग्रह

1. ॐ नमोऽर्हते भगवते श्रीमते मुनिसुव्रत तीर्थंकराय वरुण यक्ष बहुरुपिणी यक्षी सहिताय ॐ आं क्रौं ह्रीं ह्रः शनिमहाग्रह मम् दुष्ट ग्रह रोग कष्ट निवारणं सर्वशान्तिं च कुरु कुरु हूँ फट् स्वाहा।

2. ॐ आं क्रौं ह्रीं ह्रः शनिमहाग्रह मम् सर्वशान्तिं कुरु कुरु स्वाहा।

3. ॐ ह्रीं णमो लोए सव्व साहूणं (जप–10 हजार)

**विधि**—नीलम, नीली रत्न अथवा नीले सूत की माला से 23000 जाप करे।

## सूर्य ग्रह

1. ॐ नमोऽर्हते भगवते श्रीमते पद्मप्रभ तीर्थंकराय पुष्प यक्ष मनोवेगा यक्षी सहिताय ॐ आं क्रौं ह्रीं ह्रः आदित्य महाग्रह मम् सर्व दुष्ट ग्रह रोग कष्ट निवारणं कुरु कुरु सर्व शान्तिं च कुरु कुरु हूँ फट् स्वाहा।

2. ॐ आं क्रौं ह्रीं ह्रः आदित्य महाग्रह मम् सर्वशान्तिं कुरु कुरु स्वाहा।

3. ॐ ह्रीं णमो सिद्धाणं (जप–10 हजार)

**विधि**—माणिक्य अथवा लाल सूत की माला से 7000 जाप करें।

## राहू ग्रह

1. ॐ नमोऽर्हते भगवते श्रीमते नेमिनाथ तीर्थंकराय सर्वाण्ह यक्ष कुष्मांडी यक्षी सहिताय ॐ आं क्रौं ह्रीं ह्रः राहू महाग्रह मम् दुष्ट ग्रह रोग कष्ट निवारणं सर्व शान्तिं च कुरु कुरु हूँ फट् स्वाहा।

2. ॐ आं क्रौं ह्रीं ह्रः फट् राहू महाग्रह मम् सर्वशान्तिं कुरु कुरु स्वाहा।

3. ॐ ह्री णमो लोए सव्व साहूणं (जप–11000)

**विधि**—गोमेद अथवा काले सूत की माला से 18000 जाप करें।

## केतू ग्रह

1. ॐ नमोऽर्हते भगवते श्रीमते पार्श्वनाथ तीर्थंकराय धर्णेन्द्र यक्ष पद्मावती यक्षी सहिताय ॐ आं क्रौं ह्रीं ह्रः केतू महाग्रह मम् दुष्टग्रह रोग कष्ट निवारणं सर्व शान्तिं च कुरु कुरु हूँ फट् स्वाहा।

2. ॐ आँ क्रौं ह्रीं ह्रः फट् केतू महाग्रह मम् सर्वशान्तिं कुरु कुरु स्वाहा।

3. ॐ ह्रीं णमो लोए सव्व साहूणं (जप–11 हजार)

**विधि**—लहसुनिया रत्न अथवा काले सूत की माला से 7000 जाप करें।

---

**नवग्रह शांति एवं अन्य किसी भी समस्या के श्रेष्ठ समाधान अथवा शारीरिक बीमारियों में मंत्रा हीलिंग के लिए धर्मयोगी गुरुदेव श्री योगभूषण जी महाराज से परामर्श करें।**

–प्रकाशक

---

# मंत्रात्मक स्तोत्र

# श्री भक्तामर स्तोत्र
## आ. श्री मानतुंग स्वामी

भक्तामर स्तोत्र की महिमा सर्व विदित है। इसका प्रत्येक श्लोक मंत्रात्मक है और अनेक लाभ प्रदान करने वाला है। इसमें प्रथम तीर्थंकर श्री ऋषभदेव आदिनाथ भगवान की स्तुति की है।

अनेकों आधि-व्याधि और बाधाएं इसके पठन-पाठन और स्मरण से क्रमश: दूर होती जाती है।

भक्तामर-प्रणत - मौलि-मणि-प्रभाणा-
मुद्योतकं दलित - पाप-तमोवितानम्।
सम्यक् प्रणम्य जिनपादयुगं युगादा-
वालम्बनं भवजले पततां जनानाम्।।1।।

यः संस्तुतः सकल-वाङ्मय तत्त्व-बोधा -
दुद्भूत - बुद्धि - पटुभिः सुरलोक-नाथैः।
स्तोत्रै - र्जगत्त्रितय - चित्त - हरैरुदारैः
स्तोष्ये किलाहमपि तं प्रथमं जिनेन्द्रम्।।2।।

बुद्ध्या विनाऽपि विबुधार्चित-पाद-पीठ!
स्तोतुं समुद्यत-मति-र्विगत - त्रपोऽहम्।
बालं विहाय जल संस्थितमिन्दु - बिम्ब-
मन्यः क इच्छति जनः सहसा ग्रहीतुम्।।3।।

वक्तुं गुणान् गुण-समुद्र! शशांक-कान्तान्
कस्ते क्षमः सुर-गुरु - प्रतिमोऽपि बुद्ध्या।
कल्पान्त - काल - पवनोद्धत - नक्र - चक्रं
को वा तरीतुमलमम्बु-निधिं भुजाभ्याम्।।4।।

सोऽहं तथापि तव भक्ति-वशान्मुनीश!
कर्तुं स्तवं विगत - शक्ति - रपि प्रवृतः।
प्रीत्यात्मवीर्यमविचार्य मृगी मृगेन्द्रं
नाभ्येति किं निजशिशोः परिपालनार्थम्।।5।।

अल्पश्रुतं श्रुतवतां परिहास-धाम
त्वद्भक्तिरेव मुखरी कुरुते बलान्माम्।
यत्कोकिलः किल मधौ मधुरं विरौति
तच्चाम्र-चारु-कलिका-निकरैक-हेतुः।।6।।

त्वत्संस्तवेन भव - सन्तति सन्निबद्धं
पापं क्षणात्क्षयमुपैति शरीर - भाजाम्।
आक्रान्त - लोकमलि - नील - मशेषमाशु
सूर्यांशुभिन्नमिव शार्वर - मन्धकारम्।।7।।

मत्वेति नाथ! तव संस्तवनं मयेद-
मारभ्यते तनुधियाऽपि तव प्रभावात्।
चेतो हरिष्यति सतां नलिनीदलेषु
मुक्ता-फल-द्युति-मुपैति ननूदबिन्दुः।।8।।

आस्तां तव स्तवन-मस्त - समस्त दोषं
त्वत्संकथापि जगतां दुरितानि हन्ति।
दूरे सहस्त्र - किरणः कुरुते प्रभैव
पद्मा-करेषु जलजानि विकास-भाञ्जि।।9।।

नात्यद्भुतं भुवन - भूषण ! भूतनाथ!
भूतैर्गुणैर्भुवि भवन्त - मभिष्टुवन्तः।
तुल्या भवन्ति भवतो ननु तेन किं वा
भूत्याश्रितं य इह नात्म-समं करोति।।10।।

दृष्ट्वा भवन्त - मनिमेष - विलोकनीयं
नान्यत्र तोषमुपयाति जनस्य चक्षुः।
पीत्वा पयः शशिकर-द्युति-दुग्ध-सिन्धोः
क्षारं जलं जलनिधे-रसितुं क इच्छेत्।।11।।

यैः शान्त-राग - रुचिभिः परमाणुभिस्त्वं
निर्मापित - स्त्रिभुवनैक - ललामभूत!
तावन्त एव खलु तेऽप्यणवः पृथिव्यां
यत्ते समानमपरं नहि रूप-मस्ति।।12।।

वक्त्रं क्व ते सुरनरोरग - नेत्रहारि
निःशेष - निर्जित - जगत्त्रितयोपमानम्।
बिम्बं कलंक-मलिनं क्व निशाकरस्य
यद्वासरे भवति पाण्डु-पलाश-कल्पम्।।13।।

सम्पूर्ण-मण्डल-शशांक-कला-कलाप-
शुभ्रा गुणास्त्रिभुवनं तव लंघयन्ति।
ये संश्रितास्त्रि - जगदीश्वर - नाथमेकं
कस्तान् निवारयति संचरतो यथेष्टम्।।14।।

चित्रं किमत्र यदि ते त्रिदशाङ्गनाभि-
र्नीतं मनागपि मनो न विकार-मार्गम्।
कल्पान्त - काल मरुता चलिता-चलेन
किं मन्दराद्रि - शिखरं चलितं कदाचित्।।15।।

निर्धूम - वर्ति - रपवर्जित - तैल - पूरः
कृत्स्नं जगत्त्रय - मिदं प्रकटी - करोषि।
गम्यो न जातु मरुतां चलिताचलानां
दीपोऽपरस्त्व-मसि नाथ! जगत्प्रकाशः ।।16।।

नास्तं कदाचिदुपयासि न राहु-गम्यः
स्पष्टी - करोषि सहसा युगपज्जगन्ति।
नाम्भोधरोदर - निरुद्ध - महाप्रभावः
सूर्यातिशायि-महिमासि मुनीन्द्र! लोके।।17।।

नित्योदयं दलित - मोह - महान्धकारं
गम्यं न राहु - वदनस्य न वारिदानाम्।
विभ्राजते तव मुखाब्ज - मनल्प - कान्ति
विद्योतयज्जगदपूर्व - शशांक - बिम्बम्।।18।।

किं शर्वरीषु शशिनाऽह्नि विवस्वता वा?
युष्मन्मुखेन्दु - दलितेषु तमःसु नाथ।
निष्पन्न-शालिवनशालिनि-जीवलोके
कार्यं कियज्जलधरै-र्जलभारनम्रैः।।19।।

ज्ञानं यथा त्वयि विभाति कृतावकाशं
नैवं तथा हरि-हरादिषु नायकेषु।
तेजः स्फुरन्मणिषु याति यथा महत्त्वं
नैवं तु काचशकले किरणाकुलेऽपि।।20।।

मन्ये वरं हरिहरादय एव दृष्टा-
दृष्टेषु येषु हृमदयं त्वयि तोषमेति।
किं वीक्षितेन भवता भुवि येन नान्यः
कश्चिन्मनो हरति नाथ! भवान्तरेऽपि।।21।।

स्त्रीणां शतानि शतशो जनयन्ति पुत्रान्
नान्या सुतं त्वदुपमं जननी प्रसूता।
सर्वा दिशो दधति भानि सहरुारश्मिं
प्राच्येव दिग्जनयति स्फुरदंशुजालम्।।22।।

त्वामामनन्ति मुनयः परमं पुमांस-
मादित्यवर्णममलं तमसः पुरस्तात्।
त्वामेव सम्यगुपलभ्य जयन्ति मृत्युं
नान्यः शिवः शिवपदस्य मुनीन्द्र! पन्थाः।।23।।

त्वामव्ययं विभुमचिन्त्य-मसंख्यमाद्यं
ब्राह्मण - मीकार - मनन्तमनङ्गकेतुम्।
योगीकारं विदित - योग - मनेकमेकं
ज्ञानस्वरूप-ममलं प्रवदन्ति सन्तः।।24।।

बुद्धस्त्वमेव विबुधार्चित - बुद्धिबोधात्
त्वं शङ्करोऽसि भुवनत्रय - शङ्करत्वात्।
धातासि धीर! शिवमार्ग - विधेर्विधानाद्-
व्यक्तं त्वमेव भगवन्त! पुरुषोत्तमोऽसि।।25।।

तुभ्यं नमस्त्रिभुवनार्ति - हराय नाथ!
तुभ्यं नमः क्षिति - तलामल - भूषणाय।
तुभ्यं नमस्त्रिजगतः परमेकाराय
तुभ्यं नमो जिन! भवोदधिशोषणाय।।26।।

को विस्मयोऽत्र यदि नाम - गुणैरशेषै-
स्त्वं संश्रितो निरवकाशतया मुनीश।
दोषैरुपात्त - विविधाश्रय - जातगर्वैः
स्वप्नान्तरेऽपि न कदाचिदपीक्षितोऽसि।।27।।

उच्चै - रशोकतरु - संश्रित - मुन्मयूख -
माभाति रूपममलं भवतो नितान्तम्।
स्पष्टोल्लसत्किरण - मस्ततमो - वितानं
बिम्बं रवेरिव पयोधर-पार्श्ववर्ति।।28।।

सिंहासने मणिमयूख - शिखाविचित्रे
विभ्राजते तव वपुः कनकावदातम्।
बिम्बं वियद्विलसदंशु - लतावितानं
तुङ्गोदयाद्रि - शिरसीव सहस्ररश्मेः।।29।।

कुन्दावदात - चल - चामर -चारुशोभं
विभ्राजते तव वपुः कलधौतकान्तम्।
उद्यच्छशाङ्कशुचि - निर्झर - वारिधार-
मुच्चैस्तटं सुरगिरेरिव शातकौम्भम्।।30।।

छत्रत्रयं तव विभाति शशांककान्त-
मुच्चैः स्थितं स्थगितभानुकरप्रतापम्।
मुक्ताफल - प्रकर - जालविवृद्धशोभं
प्रख्यापयत्त्रिजगतः परमेश्वरत्वम्।।31।।

गम्भीर - तार - रव - पूरित - दिग्विभाग-
स्त्रैलोक्य-लोक-शुभ-संगम-भूतिदक्षः।
सद्धर्मराज-जय-घोषण-घोषकः सन्
खे दुन्दुभिर्ध्वनति ते यशसः प्रवादी।।32।।

मन्दार - सुन्दर - नमेरु - सुपारिजात -
सन्तानकादि - कुसुमोत्कर वृष्टिरुद्धा।
गन्धोदबिन्दु शुभमन्द - मरुत्प्रपाता
दिव्या दिवः पतति ते वचसां ततिर्वा।।33।।

शुम्भत्प्रभावलय - भूरिविभा विभोस्ते
लोकत्रये द्युतिमतां द्युतिमाक्षिपन्ती।
प्रोद्यद्दिवाकर - निरन्तर - भूरि - संख्या -
दीप्त्या जयत्यपि निशामपि सोमसौम्याम्।।34।।

स्वर्गापवर्ग - गममार्ग - विमार्गणेष्टः
सद्धर्मतत्त्व-कथनैक-पटुस्त्रिलोक्याः।
दिव्यध्वनि-र्भवति ते विशदार्थ-सर्व-
भाषास्वभावपरिणामगुणैः प्रयोज्यः।।35।।

उन्निद्र - हेमनव - पंकज - पुञ्जकान्ती
पर्युल्लसन्नख - मयूख - शिखाभिरामौ।
पादौ पदानि तव यत्र जिनेन्द्र! धत्तः
पद्मानि तत्र विबुधाः परिकल्पयन्ति।।36।।

इत्थं यथा तव विभूतिरभूज्जिनेन्द्र!
धर्मोपदेशनविधौ न तथा परस्य।
यादृक्प्रभा दिनकृतः प्रहतान्धकारा
तादृक्कुतो ग्रहगणस्य विकाशिनोऽपि।।37।।

श्च्योतन्मदाविल - विलोल - कपोलमूल -
मत्तभ्रमद् - भ्रमरनाद - विवृद्धकोपम्।
ऐरावताभमिभ - मुद्धत - मापतन्तं
दृष्ट्वा भयं भवति नो भवदाश्रितानाम्।।38।।

भिन्नेभ - कुम्भगलदुज्ज्वल - शोणिताक्त-
मुक्ताफल - प्रकर - भूषित - भूमिभागः।
बद्धक्रमः क्रमगतं हरिणाधिपोऽपि
नाक्रामति क्रमयुगाचल-संश्रितं ते।।39।।

कल्पान्तकाल - पवनोद्धत - वह्निकल्पं
दावानलं ज्वलितमुज्ज्वलमुत्स्फुलिंगम्।
विश्वं जिघत्सुमिव सम्मुखमापतन्तं
त्वन्नामकीर्तन-जलं शमयत्यशेषम्।।40।।

रक्तेक्षणं समदकोकिल - कण्ठनीलं
क्रोधोद्धतं फणिन-मुत्फण-मापतन्तम्
आक्रामति क्रमयुगेण निरस्तशंक-
स्त्वन्नामनागदमनी ह्मदि यस्य पुंसः।।41

वल्गत्तुरंग - गजगर्जित - भीमनाद-
माजौ बलं बलवतामपि भूपतीनाम्।
उद्यद्दिवाकर - मयूख - शिखापविद्धं
त्वत्कीर्तनात्तम इवाशु भिदामुपैति।।42।।

कुन्ताग्र - भिन्नगज - शोणित - वारिवाह-
वेगावतार - तरणातुर - योधभीमे।
युद्धे जयं विजितदुर्जय - जेयपक्षा-
स्त्वत्पादपंकज-वनाश्रयिणो लभन्ते।।43।।

अम्भोनिधौ क्षुभित - भीषण - नक्रचक्र-
पाठीन - पीठ - भयदोल्वण - वाडवाग्नौ।
रंगत्तरंग - शिखर - स्थित - यान - पात्रा-
स्त्रासं विहाय भवतः स्मरणाद् व्रजन्ति।।44।।

उद्भूत - भीषण - जलोदर - भारभुग्नाः
शोच्यां दशामुपगताश्च्युत - जीविताशाः।
त्वत्पादपंकज - रजोऽमृत - दिग्धदेहा
मर्त्या भवन्ति मकरध्वजतुल्यरूपाः।।45।।

आपाद - कण्ठमुरुश्रृंखल - वेष्टितांगा
गाढं वृहन्निगड - कोटि - निघृष्टजंघाः।
त्वन्नाम - मन्त्रमनिशं मनुजाः स्मरन्तः
सद्यः स्वयं विगतबन्धभया भवन्ति।।46।।

मत्तद्विपेन्द्र - मृगराज - दवानलाहि
संग्राम - वारिधि - महोदर - बन्धनोत्थम्।
तस्याशु नाशमुपयाति भयं भियेव
यस्तावकं स्तवमिमं मतिमानधीते।।47।।

स्तोत्रस्त्रजं तव जिनेन्द्र! गुणैर्निबद्धां
भक्त्या मया रुचिरवर्णविचित्रपुष्पाम्।
धत्ते जनो य इह कण्ठगतामजरुत्रं
तं मानतुंगमवशा समुपैति लक्ष्मीः।।48।।

---

*भक्तामर स्तोत्र की विशिष्ट साधना विधि जानने के लिए परम श्रद्धेय, धर्मयोगी गुरुदेव श्री योगभूषण जी महाराज का परामर्श प्राप्त करें एवं पूज्य श्री के द्वारा लिखित "**भक्तामर भारती**" पुस्तक अवश्य पढिए।*

*–प्रकाशक*

---

# कल्याण मन्दिर स्तोत्र

(आ. कुमुदचन्द्र स्वामी)

भक्तामर स्तोत्र के समान ही लोकप्रिय बसन्ततिलका छन्द में रचित 'कल्याण मन्दिर स्तोत्र' अमूल्य भक्तिरस से परिपूर्ण चमत्कारिक स्तोत्र है। इसमें श्री पार्श्वनाथ भगवान की स्तुति की गई है।

इसके पठन से साधक के अन्तरंग में दिव्य शक्ति का जागरण होता है। कालसर्प आदि अशुभ योगों के शमन में इसका बड़ा महत्व है।

कल्याणमन्दिर - मुदार - मवद्य - भेदि,
भीता - भय-प्रदम - निन्दित - मङ्घ्रिपद्म।
संसार सागर निमज्ज द-शेष जन्तु,
पोतायमान मभिनम्य जिनेश्वरस्य।।1।।

यस्य स्वयं सुर - गुरु - र्गिमाम्बुराशेः,
स्तोत्रं सुविस्तृत - मति-र्न विभुर्विधातुम्।
तीर्थेश्वरस्य कमठस्मय धूमकेतोस्,
तस्याह मेष किल संस्तवनं करिष्ये।।2।।

सामान्यतोऽपि तव वर्णयितुं स्वरूप-,
मस्मादृशाः कथमधीश! भवन्त्यधीशाः।
धृष्टोऽपि कौशिक शिशु-र्यदि वा दिवान्धो,
रूपं प्ररूपयति किं किल घर्मरश्मेः।।3।।

मोह-क्षयादनुभवन्नपि नाथ! मर्त्यो,
नूनं - गुणान् - णयितुं न तव क्षमेत।
कल्पान्त-वान्त-पयसः प्रकटोऽपि यस्मान्,
मीयेत केन जलधे-र्ननु रत्नराशिः।।4।।

अभ्युद्यतोऽस्मि तव नाथ! जडाशयोऽपि,
कर्तुं स्तवं लसदसंख्य-गुणाकरस्य।
बालोऽपि किं न निज- बाहु-युगं वितत्य,
विस्तीर्णतां कथयति स्वधियाम्बुराशेः।।5।।

ये योगिनामपि न यान्ति -गुणास्तवेश!,
वक्तुं कथं भवति तेषु ममावकाशः।
जाता तदेव - मसमीक्षित-कारितेयं।
जल्पन्ति वा निजि-राननु पक्षिणोऽपि।।6।।

आस्तामचिन्त्य-महिमा जिन! संस्तवस्ते,
नामापि पाति भवतो भवतो जन्ति।
तीव्राऽऽतपो-पहत - पान्थ-जनान्निदाघे,
प्रीणाति पद्म-सरसः स-रसोऽनिलोऽपि।।7।।

हृद्वर्तिनि त्वयि विभो! शिथिली भवन्ति,
जन्तोः क्षणेन निबिडा अपि कर्म-बन्धाः।
सद्यो भुजं-म-मया इव मध्य-भाग-,
मभ्या-ते वन-शिखण्डिनि चन्दनस्य।।8।।

मुच्यन्त एव मनुजाः सहसा जिनेन्द्र!
रौद्रै - रुपद्रव - शतैस्त्वयि वीक्षितेऽपि।
गो - स्वामिनि स्फुरित - तेजसि दृष्टमात्रे,
चौरैरिवाऽऽशु पशवः प्रपलायमानैः।।9।।

त्वं तारको जिन! कथं भविनां त एव,
त्वामुद्वहन्ति हृदयेन यदुत्तरन्तः।
यद्वा दृतिस्तरति यज्जल मेष नून-,
मन्त-र्तस्यऽमरुतः स किलानुभावः।।10।।

यस्मिन् हर - प्रभृतयोऽपि हत - प्रभावाः,
सोऽपि त्वया रतिपतिः क्षपितः क्षणेन।
विध्यापिता हुतभुजः पयसाथ येन,
पीतं न किं तदपि दुर्धर-वाडवेन।।11।।

स्वामिन्नन‍ल्प - गरिमाणमपि प्रपन्ना-,
स्त्वां जन्तवः कथमहो हृदये दधानाः।
जन्मोदधिं लघु तरन्त्यतिलाघवेन,
चिन्त्यो न हन्त महतां यदि वा प्रभावः।।12।।

क्रोधस्त्वया यदि विभो! प्रथमं निरस्तो,
ध्वस्तास्तदा वद कथं किल कर्मचौराः।
प्लोषत्यमुत्र यदि वा शिशिरापि लोके,
नीलद्रुमाणि विपिनानि न किं-हिमानी।।13।।

त्वां योगिनो जिन सदा परमात्मरूप-,
मन्वेष - यन्ति हृदयाम्बुज कोष - देशे।
पूतस्य निर्मल - रुचे - र्यदि वा किमन्य,
दक्षस्य संभव-पदं ननु कर्णिकायाः।।14।।

ध्यानाज्जिनेश भवतो भविनः क्षणेन,
देहं विहाय परमात्म - दशां व्रजन्ति।
तीव्रानलादुपल - भावमपास्य लोके,
चामीकरत्वमचिरादिव धातु - भेदाः।।15।।

अंतः सदैव जिन यस्य विभाव्यसे त्वं,
भव्यैः कथं तदपि नाशयसे शरीरम्।
एतत्स्वरूपमथ मध्य - विवर्तिनो हि,
यद्विग्रहं प्रशमयन्ति महानुभावाः।।16।।

आत्मा मनीषिभिरयं त्वदभेद - बुद्ध्या,
ध्यातो जिनेन्द्र! भवतीह भवत्प्रभावः।
पानीयमप्यमृतमित्यनु - चिन्त्यमानं,
किं नाम नो विष-विकारमपा-करोति।।17।।

त्वामेव वीत - तमसं परवादिनोऽपि,
नूनं विभो हरि - हरादि धिया प्रपन्नाः।
किं काच - कामलिभिरीश सितोऽपि शङ्खो,
नोगृह्यते विविध - वर्ण - विपर्ययेण।।18।।

धर्मोपदेश - समये सविधानुभावा-,
दास्तां जनो भवति ते तरुरप्यशोकः।
अभ्युद् - ते दिनपतौ समहीरुहोऽपि,
किं वा विबोधमुपयाति न जीव-लोकः।।19।।

चित्रं विभो कथम्वाङ्मुख-वृन्तमेव,
विष्वक्पतत्य विरला सुर - पुष्प - वृष्टिः।
त्वद् - गोचरे सुमनसां यदि वा मुनीश!
गच्छन्ति नूनमध एव हि बन्धनानि।।20।।

स्थाने - भीर - हृदयोदधि - सम्भवायाः,
पीयूषतां तव गिरः समुदीरयन्ति।
पीत्वाः यतः परम - सम्मद - सं - भाजो,
भव्याव्रजन्ति तरसाप्य-जरा-मरत्वम्।।21।।

स्वामिन्सुदूर - मवनम्य समुत्पतन्तो,
मन्येवदन्ति शुचयः सुर - चामरौघाः।
येऽस्मै नतिं विदधते मुनि - पुंङ्गवाय,
ते-नून-मूर्ध्व-गतयः खलु शुद्ध-भावाः।।22।।

श्यामं गभीर - गिरमुज्ज्वल - हेम - रत्न,
सिंहासनस्थमिह भव्य - शिखण्डिनस्त्वाम्।
आलोकयन्ति - रभसेन नदन्तमुच्चै-,
श्चामीकराद्रि-शिरसीव नवाम्बुवाहम्।।23।।

उद्गच्छता तव शिति-द्युति-मण्डलेन,
लुप्त-च्छदच्छविरशोक - तरुर्बभूव।
सान्निध्यतोऽपि यदि वा तव वीतरा-,
नीरा-तां व्रजति को न सचेतनोऽपि।।24।।

भो भोः प्रमादमवधूय भजध्वमेन-,
मागत्य निर्वृति - पुरीं प्रति सार्थवाहम्।
एतन्निवेदयति देव जगत्त्रयाय,
मन्ये नदन्नभिनभः सुरदुन्दुभिस्ते।।25।।

उद्योतितेषु भवता भुवनेषुनाथ,
तारान्वितो विधुरयं विहताधिकारः।
मुक्ता-कलाप-कलितोरु-सितातपत्र-,
व्याजात्त्रिधा धृत-तनुर्ध्रुवमभ्युपेतः।।26।।

स्वेनप्रपूरित - जगत्त्रय - पिण्डितेन,
कान्ति-प्रताप-यशसामिव संचयेन।
माणिक्य - हेम - रजत - प्रविनिर्मितेन,
सालत्रयेण भगवन्नभितो विभासि।।27।।

दिव्य-स्त्रजो जिन नमत्त्रिदशाधिपाना-,
मुत्सृज्य रत्न-रचितानपि मौलि-बन्धान्।
पादौ श्रयन्ति भवतो यदि वापरत्र,
त्वत्सं-मे सुमनसो न रमन्त एव।।28।।

त्वं नाथ जन्म जलधे र्विपराङ्मुखोऽपि,
यत्तारयस्य सुमतो निज-पृष्ठ-लग्नान।
युक्तं हि पार्थिव-निपस्य सतस्तवैव,
चित्रं विभो यदसि कर्म-विपाक-शून्यः।।29।।

विश्वेश्वरोऽपि जन-पालक दुर्गतस्त्वं,
किं वाऽक्षर-प्रकृतिरप्य लिपिस्त्वमीश!
अज्ञानवत्यपि सदैव कथंचिदेव,
ज्ञानं त्वयि स्फुरति विश्व-विकास-हेतुः।।30।।

प्राग्भार-संभृत-नभांसि-रजांसि रोषा-,
दुत्थापितानि कमठेन शठेन यानि।
छायापि तैस्तव न नाथ हता हताशो।
ग्रस्तस्त्वमीभिरयमेव परं दुरात्मा।।31।।

यद्गर्जदूर्जित - घनौघमदभ्र - भीम-,
भ्रश्यत्तडिन् मुसल-मांसल-घोरधारम्।
दैत्येन मुक्तमथ दुस्तर-वारिदध्रे,
तेनैव तस्य जिन दुस्तर-वारि कृत्यम्।।32।।

ध्वस्तोर्ध्व-केश-विकृताकृति-मर्त्य-मुण्ड,
प्रालम्बभृद्-भयदवक्त्र-विनिर्यदग्निः।
प्रेतव्रजः प्रति भवन्तमपीरितो यः,
सोऽस्याभवत्प्रति भवं भव-दुःख-हेतुः।।33।।

धन्यास्त एव भुवनाधिप ये त्रिसंध्य-,
माराधयन्ति विधिवद्विधुतान्य-कृत्याः।
भक्त्योल्लसत्पुलक-पक्ष्मल-देह-देशाः,
पाद-द्वयं तव विभो भुवि जन्मभाजः।।34।।

अस्मिन्न पार-भव-वारि-निधौ मुनीश!
मन्ये न मे श्रवण-गोचरतां -तोऽसि।
आकर्णिते तु तव गोत्र-पवित्र-मंत्रे,
किं वा विपद्विषधरी सविधं समेति।।35।।

जन्मान्तरेऽपि तव-पाद-युगं न देव,
मन्ये मया महितमीहित-दान-दक्षम्।
तेनेह जन्मनि मुनीश पराभवानां,
जातो निकेतन महं मथिताशयानाम्।।36।।

नूनं न मोह-तिमिरावृतलोचनेन,
पूर्वं विभो! सकृदपि प्रविलोकितोऽसि।
मर्मा विभो विधुरयन्ति हि मामनर्थाः,
प्रोद्यत्प्रबन्ध-गतयः कथमन्यथैते।।37।।

आकर्णितोऽपि महितोऽपि निरीक्षितोऽपि,
नूनं न चेतसि मया विधृतोऽसि भक्त्या।
जातोऽस्मि तेन-बान्धव! दुःखपात्रं,
यस्मात्क्रियाः प्रतिफलन्ति न भाव-शून्याः।।38।।

त्वं नाथ! दुःखि जन-वत्सल! हे शरण्य!,
कारुण्य-पुण्य-वसते वशिनां वरेण्य!।
भक्त्या नते मयि महेश! दयां विधाय,
दुःखांकुरोद्दलन-तत्परतां विधेहि।।39।।

निःसंख्य-सार-शरणं शरणं शरण्य,
मासाद्य सादित-रिपु प्रथितावदानम्।
त्वत्पाद-पंकजमपि प्रणिधान-वन्ध्यो,
वन्ध्योऽस्मि चेद्भुवन पावन हा हतोऽस्मि।।40।।

देवेन्द्र-वन्द्य ? विदिताखिल-वस्तुसार!
संसार-तारक ? विभो भुवनाधिनाथ।
त्रयस्व देव करुणा-ह्रद मां पुनीहि,
सीदन्तमद्य भयद-व्यसनाम्बु-राशेः ।।41 ।।

यद्यस्ति नाथ! भवदङ्घ्रि-सरोरुहाणां,
भक्तेः फलं किमपि सन्तत-सिमचतायाः।
तन्मेत्वदेक-शरणस्य शरण्य भूयाः,
स्वामी! त्वमेव भुवनेऽत्र भवान्तरेऽपि।।42 ।।

इत्थं समाहित-धियो विधिवज्जिनेन्द्र!,
सान्द्रोल्लसत्पुलक-कमचुकितां-भागाः।
त्वद्‌बिम्ब-निर्मल-मुखाम्बुज-बुद्ध-लक्ष्या,
ये संस्तवं तव विभोरचयन्ति भव्याः।।43 ।।

जन नयन 'कुमुदचन्द्र'-
प्रभास्वराः स्वर्ग संपदो भुक्त्या।
ते विगलित - मल - निचया
अचिरान्मोक्षं प्रपद्यन्ते।।44 ।।

# श्री ऋषि मंडल स्तोत्र
## श्री गुणनन्दि मुनीन्द्र

इसे हम स्तोत्रों का स्वामी कहें, तो अतिश्योक्ति नहीं होगी। ऐसा कहा गया है कि, ब्रह्मचर्य पूर्वक शुद्धि सहित नियमित रूप से 8 माह तक आचाम्लादि तप सहित पठन से ललाट में एक आभा रेखा खिंच जाती है। साधक के ललाट में ऐसा लगेगा कि शांति दूत भगवान चंद्र-प्रभु स्वामी की शुद्ध स्फटिक मुद्रा मानो शोभायमान हो रही है। इस स्तोत्रराज के पाठ करने से लोक विजय प्राप्त करने की अनुपम शक्ति मिलती है। इसके पठन में शुद्धि का विशेष ध्यान रखें।

आद्यंताक्षर संलक्ष्य-मक्षरं व्याप्य यत्स्थितम्।
अग्निज्वाला समं नादं, बिन्दुरेखा समन्वितम्।।1।।

अग्निज्वाला समाक्रान्तं मनोमल विशोधनम्।
दैदीप्यमानं हृत्पद्मे, तत्पदं नौमि निर्मलं।।2।।

ॐ नमोऽर्हद्भ्यः ईशेभ्यः ॐ सिद्धेभ्यो नमो नमः।
ॐ नमः सर्वसूरिभ्यः उपाध्ययेभ्यः ॐ नमः।।3।।

ॐ नमः सर्वसाधुभ्यः, तत्व दृष्टिभ्यः ॐ नमः।
ॐ नमः शुद्धबोधेभ्यः चारित्रेभ्योः नमो नमः।।4।।

श्रेयसेऽस्तु श्रियस्त्वेत-दर्हदाद्यष्टकं शुभं।
स्थानेष्वष्टसु संन्यस्तं, पृथग्बीजसमन्वितं।।5।।

आद्यं पदं शिरो रक्षेत्, परं रक्षतु मस्तकं।
तृतीयं रक्षेन्नेत्रे द्वे, तुर्यं रक्षेच्च नासिकाम्।।6।।

पंचमं तु मुखं रक्षेत्, षष्ठं रक्षतु घंटिकां।
सप्तमं रक्षेन्नाभ्यन्तं, पादान्तं चाष्टमं पुनः।।7।।

पूर्वं प्रणवतः सान्तः सरेफो द्वि त्रि पंचषान्।
सप्ताष्ट दश सूर्यांकान्, श्रितो बिंदुस्वरान् पृथक्।।8।।

पूज्य नामाक्षराद्यस्तु, पंच दर्शन बोधकं।
चारित्रेभ्यो नमो मध्ये, ह्रीं सांत समलंकृतं।।9।।

ॐ ह्रां ह्रिं ह्रुं ह्रूं ह्रें ह्रैं ह्रौं ह्रः अ सि आ उ सा सम्यग्दर्शन
ज्ञान चारित्रेभ्यो ह्रीं नमः।

आराधक शुभफलदो, नवबीजाक्षर युतः स्तुतः सिद्धो।
अष्टाक्षर शुद्धाक्षर, मंत्रोऽयं जाप्य एव वरभक्त्या।।

जम्बूवृक्षधरो द्वीपः क्षारोदधिसमावृतः।
अर्हदाद्यष्टकैरष्ट-काष्ठाधिष्ठैरलंकृतः।।10।।

तन्मध्ये संगतो मेरुः, कूटलक्षैरलंकृतः।
उच्चैरुच्चैस्तरस्तारः, तारामण्डलमण्डितः।।11।।

तस्योपरि सकारान्तं, बीजमध्यास्य सर्वगं।
नमामि बिम्बमार्हंत्यं, ललाटस्थं निरञ्जनं।।12।।

अक्षयं निर्मलं शांतं, बहुलं जाड्यतोज्झितं।
निरीहं निरहंङ्कारं, सारं सारतरं घनम्।।13।।

अनुश्रुतं शुभं स्फीतं, सात्विकं राजसं मतं।
तामसं विरसं बुद्धं, तैजसं शर्वरीसमं।।14।।

साकारं च निराकारं, सरसं विरसं परं।
परापरं परातीतं, परं पर परापरं।।15।।

सकलं निष्कलं तुष्टं, निर्भृतं भ्रान्ति वर्जितं।
निरञ्जनं निराकांक्षं, निर्लेपं वीतसंशयं।।16।।

ब्रह्माणमीश्वरं बुद्धं, शुद्धं सिद्ध-मभंगुरं।
ज्योतिरूपं महादेवं, लोकालोक प्रकाशकं।।17।।

अर्हदाख्यः सवर्णान्तः, सरेफो बिंदु मण्डितः।
तुर्य स्वर समायुक्तो, बहुध्यानादि मालितः।।18।।

एकवर्णं द्विवर्णं च, त्रिवर्णं तुर्यवर्णकं।
पंच वर्णं महावर्णं, सपरं च परापरं।।19।।

अस्मिन् बीजे स्थिताः सर्वे, वृषभाद्या जिनोत्तमाः।
वर्णैर्निजैर्निजैर्युक्ता, ध्यतव्यास्तत्र संगताः।।20।।

नादश्चन्द्र समाकारे, बिंदुर्नीलसमप्रभः।
कलारूण समासांतः, स्वर्णाभः सर्वतोमुखः।।21।।

शिरः संलीन ईकारो, विनीलो वर्णतः स्मृतः।
वर्णानुसारिसंलीनं, तीर्थकृन्मण्डलं नमः।।22।।

चन्द्रप्रभ पुष्पदन्तो, नादस्थितिसमाश्रितौ।
बिन्दुमध्यगतौ नेमि सुव्रतौ जिनसत्तमौ।।13।।

पद्मप्रभ वासुपूज्यौ, कलापदमधिश्रितौ।
शिर ईस्थित संलीनौ, सुपार्श्वपार्श्वौ जिनोत्तमौ।।24।।

शेषास्तीर्थंकराः सर्वे, रह स्थाने नियोजिताः।
माया बीजाक्षरे, प्राप्ताश्चतुर्विंशतिरर्हतां।।25।।

गत राग द्वेष मोहाः सर्व पाप विवर्जिताः।
सर्वदा सर्वलोकेषु, ते भवन्तु जिनोत्तमाः।।26।।

देव देवस्य यच्चक्रं, तस्य चक्रस्य या विभा।
तयाच्छादित सर्वांगं, मां मा हिंसन्तु पन्नगाः।।27।।

देव देवस्य यच्चक्रं, तस्यचक्रस्य या विभा।
तयाच्छादित सर्वांगं, मां मा हिंसन्तु नागिनी।।28।।

देव देवस्य यच्चक्रं, तस्य चक्रस्य या विभा।
तयाच्छादित सर्वांगं, मां मा हिंसन्तु गोनसाः।।29।।

देव देवस्य यच्चक्रं, तस्य चक्रस्य या विभा।
तयाच्छादित सर्वांगं, मां मा हिंसन्तु वृश्चिकाः।।30।।

देव देवस्य यच्चक्रं, तस्य चक्रस्य या विभा।
तयाच्छादित सर्वांगं, मां मा हिंसन्तु काकिनी।।31।।

देव देवस्य यच्चक्रं, तस्य चक्रस्य या विभा।
तयाच्छादित सर्वांगं, मां मा हिंसन्तु डाकिनी।।32।।

देव देवस्य यच्चक्रं, तस्य चक्रस्य या विभा।
तयाच्छादित सर्वांगं, मां मा हिंसन्तु साकिनी।।33।।

देव देवस्य यच्चक्रं, तस्य चक्रस्य या विभा।
तयाच्छादित सर्वांगं, मां मा हिंसन्तु राकिनी।।34।।

देव देवस्य यच्चक्रं, तस्य चक्रस्य या विभा।
तयाच्छादित सर्वांग, मां मा हिंसन्तु लाकिनी।।35।।

देव देवस्य यच्चक्रं, तस्य चक्रस्य या विभा।
तयाच्छादित सर्वांगं, मां मा हिंसन्तु शाकिनी।।36।।

देव देवस्य यच्चक्रं, तस्य चक्रस्य या विभा।
तयाच्छादित सर्वांगं, मां मा हिंसन्तु हाकिनी।।37।।

देव देवस्य यच्चक्रं, तस्य चक्रस्य या विभा।
तयाच्छादित सर्वांगं, मां मा हिंसन्तु राक्षसा।।38।।

देव देवस्य यच्चक्रं, तस्य चक्रस्य या विभा।
तयाच्छादित सर्वांगं, मां मा हिंसन्तु व्यंतराः।।39।।

देव देवस्य यच्चक्रं, तस्य चक्रस्य या विभा।
तयाच्छादित सर्वांगं, मां मा हिंसन्तु भेकसाः।।40।।

देव देवस्य यच्चक्रं, तस्य चक्रस्य या विभा।
तयाच्छादित सर्वांगं, मां मा हिंसन्तु ते ग्रहाः।।41।।

देव देवस्य यच्चक्रं, तस्य चक्रस्य या विभा।
तयाच्छादित सर्वांगं, मां मा हिंसन्तु तस्कराः।।42।।

देव देवस्य यच्चक्रं, तस्य चक्रस्य या विभा।
तयाच्छादित सर्वांगं, मां मा हिंसन्तु वन्हयः।।43।।

देव देवस्य यच्चक्रं, तस्य चक्रस्य या विभा।
तयाच्छादित सर्वांगं, मां मा हिंसन्तु श्रृंगिणः।।44।।

देव देवस्य यच्चक्रं, तस्य चक्रस्य या विभा।
तयाच्छादित सर्वांगं, मां मा हिंसन्तु दंष्ट्रिणः।।45।।

देव देवस्य यच्चक्रं, तस्य चक्रस्य या विभा।
तयाच्छादित सर्वांगं, मां मा हिंसन्तु रेलपाः।।46।।

देव देवस्य यच्चक्रं, तस्य चक्रस्य या विभा।
तयाच्छादित सर्वांगं, मां मा हिंसन्तु पक्षिणः।।47।।

देव देवस्य यच्चक्रं, तस्य चक्रस्य या विभा।
तयाच्छादित सर्वांगं, मां मा हिंसन्तु मुद्गलाः।।48।।

देव देवस्य यच्चक्रं, तस्य चक्रस्य या विभा।
तयाच्छादित सर्वांगं, मां मा हिंसन्तु जृम्भकाः।।49।।

देव देवस्य यच्चक्रं, तस्य चक्रस्य या विभा।
तयाच्छादित सर्वांगं, मां मा हिंसन्तु तोयदाः।।50।।

देव देवस्य यच्चक्रं, तस्य चक्रस्य या विभा।
तयाच्छादित सर्वांगं, मां मा हिंसन्तु सिंहकाः।।51।।

देव देवस्य यच्चक्रं, तस्य चक्रस्य या विभा।
तयाच्छादित सर्वांगं, मां मा हिंसन्तु शूकराः।।52।।

देव देवस्य यच्चक्रं, तस्य चक्रस्य या विभा।
तयाच्छादित सर्वांगं, मां मा हिंसन्तु चित्रकाः।।53।।

देव देवस्य यच्चक्रं, तस्य चक्रस्य या विभा।
तयाच्छादित सर्वांगं, मां मा हिंसन्तु हस्तिनः।।54।।

देव देवस्य यच्चक्रं, तस्य चक्रस्य या विभा।
तयाच्छादित सर्वांगं, मां मा हिंसन्तु भूमिपाः।।55।।

देव देवस्य यच्चक्रं, तस्य चक्रस्य या विभा।
तयाच्छादित सर्वांगं, मां मा हिंसन्तु शत्रवः।।56।।

देव देवस्य यच्चक्रं, तस्य चक्रस्य या विभा।
तयाच्छादित सर्वांगं, मां मा हिंसन्तु ग्रामिणः।।57।।

देव देवस्य यच्चक्रं, तस्य चक्रस्य या विभा।
तयाच्छादित सर्वांगं, मां मा हिंसन्तु दुर्जनाः।।58।।

देव देवस्य यच्चक्रं, तस्य चक्रस्य या विभा।
तयाच्छादित सर्वांगं, मां मा हिंसन्तु व्याधयः।।59।।

श्री गौतमस्य या मुद्रा, तस्या या भुवि लब्धयः।
ताभिरभ्यधिकं ज्योति-रर्हं सर्वनिधीश्वरः।।60।।

पातालवासिनो देवा, देवा भूपीठवासिनः।
स्वःस्वर्गवासिनो देवाः, सर्वे रक्षन्तु मामितः।।61।।

येऽवधि लब्धयो ये तु, परमावधिलब्धयः।
ते सर्वे मुनियो दिव्या, मां संरक्षन्तु सर्वतः।।62।।

भवन, व्यन्तर, ज्योतिष्क कल्पेंद्रेभ्यो नमो नमः।
ये श्रुतावधयो देशावधयो योगि नामकाः।।63।।

परमावधयः सर्वावधयो ये दिगंबराः।
बुद्धि ऋद्धि युतास्सर्वौषधि ऋद्धि श्रिताश्च ये।।64।।

अनंतबलऋद्धयाप्ता ये तप्ततपसोन्नताः।
रसर्द्धियुंजी विक्रियर्द्धिभाजः क्षेत्रर्धिसंगताः।।65।।

तपः सामर्थ्य संप्राप्ताक्षीण सद्म महानसाः।
एतेभ्यो यतिनाथेभ्यो नूतेभ्योपास्तवादिभिः।।66।।

त्तीर्ण जन्मार्णवेभ्यस्सदृगृद्धि चारित्र वाग्भवैः।
भव्येशेभ्यो भदंतेभ्यो नमोभीष्ट पदाप्तये।।67।।

ॐ ह्रीं भवनेन्द्र मां रक्षतु। ॐ ह्रीं व्यंतरेन्द्र मां रक्षतु।

ॐ ह्रीं ज्योतिष्केंन्द्र मां रक्षतु। ॐ ह्रीं कल्पेन्द्र मां रक्षतु।

ॐ ह्रीं श्रुतावधिभ्यो नमः। ॐ ह्रीं देशावधिभ्यो नमः।

ॐ ह्रीं परमावधिभ्यो नमः। ॐ ह्रीं सर्वावधिभ्यो नमः।

ॐ ह्रीं बुद्धिऋद्धिप्राप्तेभ्यो नमः।

ॐ ह्रीं सर्वौषधिऋद्धि प्राप्तेभ्यो नमः।

ॐ ह्रीं अनंतबलऋद्धि प्राप्तेभ्यो नमः।

ॐ ह्रीं तपर्द्धि प्राप्तेभ्यो नमः।

ॐ ह्रीं विक्रियर्द्धि प्राप्तेभ्यो नमः।

ॐ ह्रीं क्षेत्रर्द्धि प्राप्तेभ्यो नमः।

ॐ ह्रीं अक्षीणमहानसर्द्धि प्राप्तेभ्यो नमः।

ॐ श्री ह्रींश्च धृतिर्लक्ष्मी, गौरी चंडी सरस्वती।
जयाम्बा विजया क्लिन्नाऽजिता नित्या मदद्रवा।।68।।

कामांगा कामवाणा च, सानन्दा नन्दामालिनी।
माया मायाविनी रौद्री, कला काली कलिप्रिया।।69।।

एताः सर्वा महादेव्यो, वर्तन्ते या जगत्त्रये।
मह्यं सर्वाः प्रयच्छन्तु, कान्तिं लक्ष्मीं धृतिं मतिं।।70।।

दुर्जनाः भूतवेतालाः पिशाचा मुद्गलास्तथा।
ते सर्वे उपशाम्यन्तु, देवदेवप्रभावतः।।71।।

दिव्यो गोप्यः सुदुष्प्राप्यः श्रीऋषिमण्डलस्तवः।
भाषितस्तीर्थनाथेन, जगत्राणकृतोऽनघः।।72।।

रणे राजकुले वह्नौ, जले दुर्गे गजे हरौ।
श्मशाने विपिने घोरे, स्मृतौ रक्षति मानवं।।73।।

राज्य भ्रष्टा निजं राज्यं, पद भ्रष्टा निजं पदं।
लक्ष्मी भ्रष्टा निजां लक्ष्मीं, प्राप्नुवन्ति न संशयः।।74।।

भार्यार्थी लभते भार्यां, पुत्रार्थी लक्षते सुतं।
धनार्थी लभते वित्तं, नरः स्मरण मात्रतः।।75।।

स्वर्णे रुप्येऽथवा कांस्ये, लिखित्वा यस्तु पूजयेत्,
तस्यैवेष्ट महासिद्धि-र्गृहे वसति शाश्वती।।76।।

भूर्जपत्रे लिखित्वेदं, गलके मूर्ध्नि वा भुजे।
धारितः सर्वदा दिव्यं, सर्वभीति विनाशनं।।77।।

भूतैः प्रेतैर्ग्रहैर्यक्षैः पिशाचैर्मुद्गलैस्तथा।
वातपित्तकफोद्रेकै - र्मुच्यते नात्र संशय।।78।।

भूर्भुवः स्वस्त्रयीपीठ-वर्तिनः शाश्वता जिनाः।
तैः स्तुतैर्वन्दितैर्दृष्टै-र्यत्फलं तत्फलं स्मृतेः।।79।।

एतद्गोप्यं महास्तोत्रं, न देयं यस्य कस्यचित्।
मिथ्यात्ववासिनो देये, बालहत्या पदे पदे।।80।।

आचाम्लादितपः कृत्वा, पूजयित्वा जिनावलिं।
अष्टसाहस्रिको जाप्यः, कार्यस्तत्सिद्धिहेतवे।।81।।

शतमष्टोत्तरं प्रात-र्ये पठन्ति दिने दिने।
तेषां न व्याधयो देहे, प्रभवन्ति च सम्पदः।।82।।

अष्टमासावधिं यावत् प्रातः प्रातस्तु यः पठेत्।
स्तोत्रमेतन्महातेज-स्त्वर्हद्बिम्बं स पश्यति।।83।।

दृष्टे सत्यार्हते बिम्बे, भवे सप्तमके ध्रुवं।
पदं प्राप्नोति विश्रस्तं, परमानन्दसम्पदा।।84।।

इदं स्तोत्रं महास्तोत्रं, स्तुतिनामुत्तमं परं।
पठनात्स्मरणाज्जाप्यात्, सर्वदोषैर्विमुच्यते।।85।।

विश्ववन्द्यो भवेत् ध्याता, कल्याणानि च सोऽश्नुते।
गत्वा स्थानं परं सोऽपि, भूयस्तु न निवर्तते।।

।।इति ऋषि मंडल स्तोत्रं।।

# सरस्वती स्तोत्र

### वसंततिलका छंद

जैन-अजैन सभी विद्या प्रसाद पाने को लालायित रहते हैं। अध्ययनरत सभी के लिए ज्ञान का भण्डार देने की कुंजी इसमें है। इसके पठन से दोहरा फल भी मिलता है। बृहस्पति के समान बुद्धि वर्धक गुण भी प्राप्त होते हैं। स्मरण शक्ति आशातीत बढ़ती है। इसका पठन ब्रह्ममुहूर्त में करें।

चद्रार्क-कोटि घटितोज्ज्वल-दिव्यमूर्ते,
श्री चन्द्रिका-कलित-निर्मल-शुभ्रवस्त्रे।
कामार्थ-दायि-कलहंस-समाधि-रूढ़ै,
वागीश्वरि! प्रतिदिनं मम रक्ष देवि।।1।।

देवा - सुरेंद्र - नतमौलिमणि - प्ररौचि,
श्री मंजरी - निविड - रंजित पाद्पदमें।
नीलालके - प्रमदहति - समानयाने,
वागीश्वरि! प्रतिदिनं मम रक्ष देवि।।2।।

केयूरहार - मणि कुण्डल - मुद्रिकाद्यैः,
सर्वांगभूषण - नरेन्द्र मुनीन्द्र - वंद्ये।
नानासुरत्न - वर - निर्मल - मौलियुक्ते,
वागीश्वरि! प्रतिदिनं मम रक्ष देवि।।3।।

मंजीर - कोत्कनककंकण किंकणीनां।
कांच्याश्च झंकृत - रवेण विराजमाने,
सद्धर्म - वारिनिधि - संतति - वर्द्धमाने,
वागीश्वरि! प्रतिदिनं मम रक्ष देवि।।4।।

कंकेलिपल्लव - विनिंदित पाणियुग्मे,
पद्मासने दिवस - पद्मसमान - वक्त्रे।
जैनेन्द - वक्त्र - भवदिव्य - समस्त - भाषे,
वागीश्वरि! प्रतिदिनं मम रक्ष देवि।।5।।

अर्द्धेन्दु - मण्डित-जटा-ललित - स्वरूप,
शास्त्र-प्रकाशिनि - समस्त - कलाधिनाथे।
चिन्मुद्रिका-जपसरभय - पुस्तकांके,
वागीश्वरि! प्रतिदिनं मम रक्ष देवि।।6।।

डिंडीरपिंड - हिम शंखसिताभ्रहारे,
पूर्णेन्दु - बिम्बरूचि - शोभित - दिव्यगात्रे।
चांचल्यमान - मृगशावललाट - नेत्रे,
वागीश्वरि! प्रतिदिनं मम रक्ष देवि।।7।।

पूज्ये पवित्रकरणोन्नत - कामरूपे,
नित्यं फणीन्द्र - गरूड़ाधिप - किन्नरेन्द्रैः।
विद्याधरेन्द्र सुरयक्ष - समस्त - वृन्दैः,
वागीश्वरि! प्रतिदिनं मम रक्ष देवि।।8।।

सरस्वत्याः प्रसादेन, काव्यं कुर्वन्तु मानवाः।
तस्मान्निश्चल-भावेन, पूजनीया सरस्वती।।9।।

*इति श्री सरस्वती स्तोत्रम्*

# श्री सरस्वती नामस्तोत्र

श्री सर्वज्ञ-मुखोत्पन्नाः, भारती बहुभाषिणी।
अज्ञानतिमिरं हन्ति, विद्या-बहुविकासिनी।।10।।

सरस्वती मया दृष्टा दिव्या कमललोचना।
हंसस्कन्ध-समारूढ़ा, वीणा-पुस्तक-धारिणी।।11।।

प्रथमं भारती नाम, द्वितीयं च सरस्वती।
तृतीयं शारदा देवी, चतुर्थ हंसगामिनी।।12।।

पंचमं विदुषां माता, षष्ठं वागीश्वरी तथा।
कुमारी सप्तमं प्रोक्तं, अष्टम् ब्रह्मचारिणी।।13।।

नवम् च जगन्माता, दशमं ब्राह्मिणी तथा।
एकादशं तु ब्रह्माणी, द्वादशं वरदा भवेत्।।14।।

वाणी त्रयोदशं नाम, भाषा चैव चतुर्दशं।
पंचदशं श्रुतदेवी, षोडशां गौ र्निगद्यते।।15।।

एतानि श्रुतनामानि, प्रातरूत्थाय यः पठेत्।
तस्य स्तुंष्यति माता, शारदा वरदा भवेत।।16।।

सरस्वती! नमस्तुभ्यं, वरदे! कामरूपिणि।
विद्यारम्भं करिष्यामि, सिद्धिर्भवतु मे सदा।।17।।

*।इति श्री सरस्वती नाम स्तोत्रम्।।*

# चिंतामणि पार्श्वनाथ स्तोत्र

भगवान पार्श्वनाथ की मूर्ति के सामने एकादश दिन (ग्यारह दिन) तक विधिपूर्वक नित्य प्रति 21 बार पाठ करने से संकट निवारण होता है। भूत-प्रेत आदि बाधा दूर करने के लिए 108 बार, गुग्गुलादि धूप खेते हुए इसके पठन से शीघ्र फल मिलता है, सुख शांति सुलभ होती है।

ॐ नमः पार्श्वनाथाय विश्वचिन्तामणि युते।
ह्रीँ धरणेन्द्र-वैरोच्या पद्मावती युता यते।।1।।

शान्ति-तुष्टि महापुष्टि धृति-कीर्ति-विधापिते।
ॐ ह्रीँ द्विड्व्याल वेताल सर्वाधि-व्याधि-नाशिनो।।2।।

जयाजिताख्या विजयाख्या पराजितयान्वितः।
दिशापालै ग्रंहैर्यक्षैः विद्यादेवीभिरन्वितः।।3।।

ॐ अ सि आ उ सा नमस्तत्र त्रैलोक्यनाथ ताम्।
चतुःषष्ठि सुरेंद्रास्ते भासन्ते छत्रचामरैः।।4।।

श्री चिंतामणि मण्डन पार्श्वजिन प्रणतकल्पतरुकल्प।
चूरय दुष्टव्रातं पूरय मे वांछितं नाथ।।15।।

॥ इति चिन्तामणि पार्श्वनाथ स्तोत्रम्॥

# उपसर्गहर पार्श्वनाथ स्तोत्र

कहते हैं कि इस स्तोत्र का लेखन अंतिम श्रुत केवली श्री भ्रदबाहु स्वामी ने किया है। इस स्तोत्र को नियमित रूप से पठन करने से समस्त उपसर्गों का निवारण होकर अजर-अमर पद की प्राप्ति होती है। विधि पूर्ववत् है।

पाठ शुरु करने से पहले निम्नलिखित पंक्ति 3 बार अवश्य बोलें-

**श्री भद्रबाहु प्रसादात् एष योगः फलतु-!!-3**

उवसग्गहरं पासं पासं वंदामि कम्मघण मुक्कं।
विसहर विसणिण्णासं मंगल कल्लाण आवासं।।1।।

विसहर फुलिंग मंतं कंठे धारइ जो सया मणुओ।
तस्सगहरोग मारीदुट्ठ जरा जंति उवसामं।।2।।

चिट्ठउदूरे मंतो तुझपणामो वि बहुफलो होई।
णरतिरिएसु वि जीवा पावंति ण दुक्खरोगं च।।3।।

तुहसम्मत्ते लद्धे चिंतामणि कप्पपाय बब्भहिए।
पावंति अविग्घेण जीवा अयरामरं ठाणं।।4।।

ॐ अमरतरु कामधेणु-चिन्तामणि-कामकुम्भमाईए।
सिरि पासणाह सेवा-गयाणं सव्वे वि दासत्तं।।5।।

ॐ ह्रीं श्रीं ऐं ॐ तुह दंसणेण सामिय, पणासेई रोग-सोग-दोहग्गं।
कप्पतरुमिव जाई ॐ तुह दंसणेण सफलहेउ ॐ स्वाहा।।6।।

ॐ ह्रीं णमिऊण पणव-सहियं, मायाबीएण धरणिनागिंदं।
सिरी कामराय-कलियं, पासजिणंदं णमस्सामि।।7।।

ॐ ह्रीं श्रीं पास विसहर-विज्जामन्तेण झाण झाएज्जा।
धरणे पउमादेवी, ॐ ह्रीं क्ष्म्ल्व्र्यूं स्वाहा।।8।।

ॐ थुणेमि पासं, ॐ ह्रीं पणमामि परम-भत्तीए।
अट्ठक्खर-धरणिंदो, पउमावइ पयडिया कित्ती।।9।।

ॐ णट्ठट्ठ मयट्ठाणे, पणट्ठ-कम्मट्ठ णट्ठसंसारे।
परमट्ठ-णिट्ठिअट्ठे, अट्ठगुणाधीसरं वन्दे।।10।।

इह संथुओ महायस! भत्तिब्भर-णिब्भरेण हियएण।
ता देव! दिज्ज बोहिं, भवे भवे पास जिणचन्द।।11।।

उवसग्गहरं त्थोत्तं, कादूणं जेण संघकल्लाणं।
करुणायरेण विहिदं, स भद्दबाहू गुरु जयदु।।12।।

।।इति।।

# श्री चन्द्रप्रभ स्तोत्र

ऐसा प्रमाण है कि, मंत्र सहित 12 हजार बार पढ़ने से यह स्तोत्र सिद्ध हो जाता है। ऋद्धि-सिद्धि, तुष्टि-पुष्टि, सर्व लाभकारी फल देता है। पाण्डव जैसे महापुरुष भी इससे लाभान्वित हुए हैं, ऐसा कहा गया है।

चंद्रप्रभं प्रभाधीशं, चन्द्रशेखर चन्द्रनम्।
चन्द्र लक्ष्म्यांक चन्द्रांकं, चन्द्रं बीज नमोस्तु ते।।1।।

ॐ ह्रीं अर्हं श्री चन्द्रप्रभ, श्रीं ह्रीं कुरु-कुरु स्वाहा।
इष्टसिद्धि महाऋद्धि, तुष्टिं पुष्टिं कुरु मम।।2।।

द्वादश सहस्र जपतो, वांछितार्थ फलप्रदः।
महतं त्रिसंध्यं जपतः, सर्वाधि व्याधि नाशनम्।।3।।

सुरासुरेन्द्र सहितः, श्री पाण्डव नृपस्तुतः।
श्री चन्द्रप्रभ तीर्थेश, श्रिया चन्द्रोज्ज्वलां कुरु।।4।।

श्री चन्द्रप्रभ विधेयं, स्मर्ता सद्य फलप्रदाः।
भवाब्धि व्याधि विध्वंस, दायिनी मेव रक्षदा।।5।।

।।इति।।

# श्री घंटाकर्ण महावीर स्तोत्र

इस स्तोत्र को मंदिर जी में या घर में दीप जलाकर-धूप खेते हुए रोज भक्ति पूर्वक पढ़ने से सर्व तरह की बाधायें दूर होकर धन-धान्य आदि की वृद्धि होकर गृह शांति होती है।

ॐ घंटाकर्णो महावीर, सर्व व्याधि विनाशकः।
विस्फोटकभयं प्राप्ते, रक्ष रक्ष महाबलः।।1।।

यत्रत्वं तिष्ठसे देव, लिखितोऽक्षरपंक्तिभिः।
रोगास्तत्र प्रणश्यंति, वातपित्तकफोद्भवाः।।2।।

तत्र राजभयं नास्ति, यांति कर्णे जपात्क्षयं।
शाकिनी भूतवेतालाः, राक्षसाश्च प्रभवन्ति न।।3।।

नाकाले मरणं तस्य, न च सर्पेण डस्यते।
अग्नि चौरभयं नास्ति, ह्रीं घंटाकर्णो नमोस्तु ते।।4।।

ठः ठः ठः स्वाहा।

।।इति।।

# वज्रपंजर स्तोत्र

इस स्तोत्र के नियमित पाठ से शरीर के सब अवयवों-अंगों की रक्षा होती है। आधि व्याधि दूर होकर निरोगी जीवन रहता है। इस स्तोत्र को पढ़ते वक्त अपने शरीर के अवयवों पर हाथ फिराते रहें।

परमेष्ठी नमस्कारं, सारं नवपदात्मकम्।
आत्म रक्षाकरं मंत्रं, पंजरं सस्मराम्यहम्।।1।।

ॐ णमो अरहंताणं, शिर स्कन्ध शिरसंस्थितम्।
ॐ णमो सिद्धाणं, मुखे मुख पटंवरम्।।2।।

ॐ णमो आइरियाणं, अंग रक्षति सायिणीम्।
ॐ णमो उवज्झायाणं, आयुधं हस्तयोर्दृढम्।।3।।

ॐ णमो लोए सव्व साहूणं, मोचके पादयोः शुभे।
एसो पंच णमोयारो, शिववज्रमयी तले।।4।।

सव्वपावप्पणासणो, शिव वज्रमयो मही।
मंगलाणं च सव्वेसिं, खातिरागादि खातका।।5।।

स्वाहा पंच पदं ज्ञेयं, पढमं हवइ मंगलम्।
वज्रो परिवज्रमयं ज्ञेयं, विधानं देहरक्षणे।।6।।

महाप्रभाव रक्षेयं, क्षुद्रोपद्रव नाशिनी।
परमेष्ठिपदोद्धुता, कथितापूर्व सूरिभिः।।7।।

यश्चैवं कुरुते रक्षा, परमेष्ठि पदैः सदा।
तस्य तस्माद् भयं व्याधिराधि श्चापिकदापि न।।8।।

*।। इति ।।*

# सर्वविघ्नविनाशक पार्श्वनाथ मंत्रात्मक स्तोत्र

इसके दश पद अपने आप में अनूठे हैं। आकर्षण-वशीकरण-ग्रहोच्चाटन-गतिस्तंभन-मति स्तंभन-क्रोध आदि को स्तंभन करने में सर्वोपयोगी है। कार्य सिद्धि के लिए भगवान पार्श्वनाथ के सामने शुद्ध घी का दीपक जलाकर दशांग धूप खेते हुए 18 बार पढ़ना चाहिए।

श्रीमद्देवेन्द्र वृन्दारक मुकुटमणि ज्योतिषां चक्रबालै।
व्यालीढं पादपीठं शठकमठ कृतोपद्रवैः बाधितस्य।।
लोकालोकावभासि स्फुरदुरु विमलज्ञान सद्दीपप्रदीपः।
प्रध्वस्तध्वांतजालः स वितरतु सुखं पार्श्वनाथोऽत्र नित्यं।।1।।

ह्रॉं ह्रीं ह्रूं ह्रौं ह्रः भास्वन्मरकतमणि भाक्रांतमूर्ते हि वं मं।
हं सं तं बीजमंत्रै कृतसकल जगत्क्षेमरक्षोरुवक्षः।।
क्षाँ क्षीँ क्षूँ क्षैँ समस्तक्षितितलमहित ज्योतिरुद्योतितार्थः।
क्षँ क्षौँ क्षः क्षीँ बीजात्मक सकलतनुः नः सदा पार्श्वनाथः।।2।।

ह्रीँकारं रेफयुक्तं र र र र र र रं देव सं सं प्रयुक्तम्।
ह्रीँ क्लीँ ब्लूँ द्राँ द्रीँ सरेफं वियदमल कलापं चकोद्भासि हूँ हूँ।
धूँ धूँ धूँ धूम्रवर्णैरखिलमिहजगन्मेविधेह्यामुवश्यं।
वौषट्मंत्रं पठन्तं त्रिजगदधिपते! पार्श्व मां रक्ष नित्यम्।।3।।

आँ क्रों ह्रीँ सर्ववश्यम् कुरु कुरु सरसं क्रामणं तिष्ठ तिष्ठ।
क्षूँ हूँ हूँ रक्ष रक्ष प्रबल बलमहाभैरवारातिभीतेः।।
द्राँ द्रीँ द्रूँ द्रावयेति द्रव हन हन फट् फट् वषट् भिन्धि भिन्धि।
स्वाहामंत्रं पठन्तं त्रिजगदधिपते! पार्श्व मां रक्ष नित्यम्।।4।।

हं सः क्ष्वीँ क्ष्वीँ सहंसः कुवलयकलितैरर्चितांगबीजप्रसूनैः।
झं वं व्हः पक्षि हं हं हर हर हर हूँ पक्षिपः पक्षिकोपं।
वं झं व्हं सं भः वं सः सर सर सर सूं सः सुधाबीजमंत्रं।
स्त्रायस्वस्थावरादिप्रबलविषमुखहारिभिः पार्श्वनाथ।।5।।

क्ष्माँ क्ष्मीँ क्ष्मूँ क्ष्मौँ क्ष्मः एतैरहिपतिविनुतैर्मन्त्रबीजैश्चनित्यं।
हाहाकारोग्रनादैर्ज्वलदनलशिखा कल्प दीर्घोर्ध्वकेशैः।।
पिंगाक्षैर्लोलजिह्वै र्विषमविषधरालंकृतैस्तीक्ष्णदंष्ट्रैः।
भूतैः प्रेतैः पिशाचैरनघकृतमहोपद्रवाद्रक्ष रक्ष।।6।।

ॐ इवाँ इवः शाकिनीनां सपदि हरमदं भिन्धिशुद्धेद्धबुद्धेः।
ग्लौँ क्ष्मँ ठं दिव्यजिह्वागतिमतिकुपितं स्तभनं संविधेहि।
फट् फट् सर्पारिरोग ग्रहमरणभयोच्चाटनं चैव पार्श्व।
त्रायस्वाशेष दोषादमर नरवरैर्नूत पादारविन्दः।।7।।

स्राँ स्रीँ स्रूँ स्रौँ स्रः एवं प्रबल बल फलं मंत्रबीजं जिनेन्द्रमः।
राँ रीँ रुँ रौँ रः एभिः परमतरहितं पार्श्वदेवाधिदेवम्।।
क्राँ क्रीँ क्रूँ क्रौँ क्रः एतैः जजजजज जरा जर्जरीकृत्यदेहम्।
धूँ धूँ धूँ धूम्रवर्ण दुरितविरहितं पार्श्व मां रक्ष नित्यम्।।8।।

ह्रींकारे चन्द्रमध्ये बहिरपि वलये षोडशं वर्ण पूर्णम्।
बाह्ये ठंकार वेष्टयं वसुदलसहितं मूलमंत्रेण युक्तम्।
साक्षात् त्रैलोक्यवश्यं सकल सुखकरं सर्वरोगं प्रणाशम्।
स्वादेतद् यंत्ररूपं परमपदमिदं पातु मां पार्श्वनाथः।।9।।

इत्थं मंत्राक्षरोत्थं वचनमनुपमं पार्श्वनाथस्य नित्यम्।
विद्वेषोच्चाटनस्तम्भजनवशाकृत्पापरोगापनोदि।।
प्रोत्सर्पज्जंगमस्थावरविषविषमध्वंसनं चायुर्दीर्घं।
आरोग्यैश्वर्ययुक्तः स्मरति पठति यः स्तौति तस्येष्ट सिद्धिः।।10।।

।।इति सर्वविघ्न विनाशक श्री पार्श्वनाथ मंत्रात्मक स्तोत्रम्।।

# कलिकुण्ड श्री पार्श्वनाथ स्तोत्र आनंद-स्तवः

सिंह, सर्प, दुष्टों आदि के द्वारा उत्पन्न उपद्रव व्याधि को दूर करता है। ज्वर के वेग भी इसकी महिमा से दूर होते हैं। पुत्र प्राप्ति का योग इसके नियमित पठन से संभव होता है। जन्मकुण्डली का कालसर्प योग इसके नियमित पठन से शान्त होता है।

देवाधिदेवं जितभावजं तं, देवाधिपैरान्वितपादपद्मं।
नत्वा जिनेन्द्रं शिवसौख्यसिद्धयै, स्तोष्ये पवित्रं कलिकुण्डयंत्रम्।।1।।

पूजां प्रकुर्वन्ति नरास्तु भक्त्या, यंत्रस्य ये श्रीकलिकुण्डनाम्नः।
तेषां नराणामिह सर्वविघ्ना, नश्यंत्यवश्यंभुवितत्प्रसादात्।।2।।

चित्तांबुजे ये स्वगुरुपदेशात्, ध्यायंति नित्यं कलिकुंडयंत्रम्।
सिंहादयो दुष्टमृगास्तु लोके, पीडां न कुर्वन्ति नृणां च तेषाम्।।3।।

युक्त्या स्तुवन्तः कलिकुंड यंत्रं, सर्वोरुदोषाहदुत्तमं तम्।
मोक्षानघ श्रीवर चारु सौख्य, प्राप्तिस्तु तेषां भवतीह सत्यम्।।4।।

यंत्रस्य चिंता हृदयेऽस्ति यस्याः, सद्धर्मवक्ता व्रतशीलयुक्ताः।
वंध्यापि सत्पुत्रवती भवेत्सा, लोके क्रमात्स्वर्गसुखं प्रयाति।।5।।

स्मरन्ति यंत्रस्य विधानतो ये, नरा अहिंसादिगुणप्रयुक्ताः।
ज्वरग्रहण्यादिरुजोऽत्र तेषां, प्रयांति नाशं कलिकुंडयंत्रात्।।6।।

सुरासुरेशैरपि सेव्यमानं, समस्तदोषोज्झितबीजजालम्।
यंत्रं नरा ये कलिकुण्डमेतत्, नित्यं भजंत्यत्रभयं न तेषाम्।।7।।

सर्पाग्नितोयादि विषादि विघ्नाः, यांति क्षयं यस्य वरप्रसादात्।
तच्छ्रीजिनेद्रस्य सरोजजातं, नित्यं नमः श्री कलिकुण्डयंत्रम्।।8।।

त्रिभुवनजनताया सारभूरीप्सितं यद्,
बुधततनुतविद्यानन्दसुरेडितं यः।
तदिह पठति भव्यः सर्वदा स्तोत्रमेतत्,
शिवपदमनघं संप्राप्यते देव देवः।।9।।

प्रोद्यत्सन्मणिनागनायकफणाटोपोल्लसन्मंडपं।
सद्भक्त्या नमदिंद्रमौलिमणिभिर्भास्वत्पदांभोरुहम्।
प्रोन्मीलन्नवनीर क्षदिपटलीशंकासमुत्पादकं।
ध्यायेत् श्रीकलिकुण्डदंडविलसच्चंडोग्रपार्श्वप्रभुम्।।10।।

।।इति।।

# श्री जैन रक्षा स्तोत्रम्

यह स्तोत्र चौबीस तीर्थंकरों के वाचक बीजाक्षरों से युक्त है। पढ़ते-पढ़ते शरीर के जिन-जिन अंगों का स्पर्श करते हैं, उन अंगों की रक्षा होती है। विश्वप्रिय बनने की योग्यता इसके जाप में है। विशेष कार्य की सिद्धि के लिए श्रावण सुदी अष्टमी से आठ दिन तक ब्रह्मचर्य पूर्वक एकासन सहित साधना करने से एवं इस दौरान भगवान का अभिषेक पूजा-पाठ करते रहने पर इससे निश्चित ही विशेष लाभ होता है।

श्रीजिनं भक्तितो नत्वा, त्रैलोक्याल्हादकारकम्।
जैनरक्षामहं वक्ष्ये, देहिनां देहरक्षकम्।।1।।

ॐ ह्रीं आदीश्वरः पातु, शिरसि सर्वदा मम।
ॐ ह्रीं श्री अजितो देवो, भालं रक्षतु सर्वदा।।2।।

नेत्रयोः रक्षको भूयात्, ॐ आँ क्रौं सम्भवो जिनाः।
रक्षेद् घ्राणेन्द्रिये ॐ ह्रीं, श्रीं क्लीं ब्लूं अभिनन्दनः।।3।।

सुजिह्वे सुमुखे पातु, सुमतिः प्रणवान्वितः।
कर्णयोः पातु ॐ ह्रीं श्री, रक्तः पद्मप्रभः प्रभुः।।4।।

सुपार्श्वः सप्तमः पातु, ग्रीवाम् ह्रीं श्रियाश्रितः।
पातु चन्द्रप्रभः श्रीं ह्रीं, क्रीं ( क्रौं ) पूर्वस्कन्धयोर्मम।।5।।

सुविधिः शीतलोनाथो, रक्षको करपंकजे।
ॐ क्षाँ क्षीं क्षूँ युतौ कामं, चिदानन्दमयौ शुभौ।।6।।

श्रेयांसो वासुपूज्यश्च, हृदये सदयं सदा।
भूयाद् रक्षाकरो वारं, वारं श्री प्रणवान्वितः।।7।।

विमलोऽनन्तनाथश्च, मायाबीजसमन्वितौ।
उदरे सुन्दरे शश्वद्, रक्षायाः कारकौ मतौ।।8।।

श्री धर्मशान्तिनाथौ च, नाभिपंकेरुहे सताम्।
ॐ ह्रीं श्रीं क्लीं हं संयुक्तौ, पुनः पातां पुनः पुनः।।9।।

श्री कुन्थु-अरनाथौ तु, सुगुरु सुकटीतटे।
भवेतामवकौ भूरि, ॐ ह्रीं क्लीं सहितौ जिनौ।।10।।

मे पातां चारु जंघायां, श्री मल्लिमुनिसुव्रतौ।
ॐ ह्रां ह्रीं ह्रूं ततो ह्रः ब्लूं, क्लीं श्रीं युक्तौ कृपाकरौ।।11।।

यत्नतो रक्षको जानू, श्री नमिनेमिनाथकौ।
राज राजमती मुक्तौ, प्रणवाक्षर पूर्वकौ।।12।।

श्री पार्श्वेश महावीरौ, पातां मां ह्रां सुमानदौ।
ॐ ह्रीं श्रीं च तथा भूं क्लीं, ह्रां ह्रः श्रां श्रः युतौ जिनौ।।13।।

रक्षाकरा यथास्थाने, भवन्तु जिननायकाः।
कर्मक्षयकरा ध्याता, भीतानां भयवारकाः।।14।।

जैनरक्षां लिखित्वेमां, मस्तके यस्तु धारयेत्।
रविवद् दीप्यते लोके, श्रीमान् विश्वप्रियो भवेत्।।15।।

तस्योग्ररोगवेतालाः, शाकिनीभूतराक्षसाः।
एता दोषाः प्रणश्यन्ति, रक्षकाश्च भवन्त्यमी।।16।।

जैनरक्षामिमां भक्त्या, प्रातरुत्थाय यः पठेत्।
इच्छितान् लभते कामान्, सम्पदश्च पदे पदे।।17।।

श्रावणे शुक्लगेऽष्टम्यां, प्रारभ्य स्तोत्रमुत्तमम्।
अभिषेकं जिनेन्द्राणां, कुर्यात् च दिवसाष्टकम्।।18।।

ब्रह्मचर्य विधातव्यम्, एकभुक्तं तथैव च।
शुचिता शुभ्रवस्त्रेण, वालंकारेण शोभनम्।।19।।

नरो वापि तथा नारी, शुद्धभावयुतोऽपि सन्।
दिनं दिनं तथा कुर्यात्, जाप्यं सर्वार्थसिद्धये।।20।।

एकायां तु विधातव्यम्, उद्यापनमहोत्सवम्।
पूजाविधिसमायुक्तं, कर्तव्यं सज्जनैर्जनैः।।21।।

।।इति जैन रक्षा स्तोत्रम्।।

# नवग्रह शान्ति स्तोत्र
## श्री भद्रबाहू स्वामी रचित

आ. श्री भद्रबाहू स्वामी द्वारा रचित यह स्तोत्र नवग्रहों के अरिष्ट-दोषों को समास करता है। प्रतिदिन प्रात:काल 21 बार पाठ करने से ग्रह जनित बाधा, पीड़ा शान्त होती है। पाठ के समय दीप-धूप का प्रयोग अवश्य करें।

जगद्गुरुं नमस्कृत्य, श्रुत्वा सद्गुरु भाषितम्।
ग्रहशान्तिं प्रवक्ष्यामि, लोकानां सुख हेतवे।।1।।

जिनेन्द्राः खेचराः ज्ञेया, पूजनीया विधि क्रमात्।
पुष्पैर्विलेपनैर्धूपैः, नैवेद्यैः तुष्टि हेतवे।।2।।

पद्मप्रभस्य मार्तण्डश्चन्दश्चंदप्रभस्य च।
वासुपूज्यस्य भूपूत्रो, बुधश्चाष्ट जिनेशिनां।।3।।

विमलानन्त धर्मेश, शान्ति कुन्थ्वरनमी।
वर्द्धमान जिनेन्द्राणां, पादपद्मां बुधो नमेत्।।4।।

ऋषभाजित सुपार्श्वाश्चाभिनन्दन शीतलो।
सुमतिः सम्भवस्वामी, श्रेयांसेषु बृहस्पति।।5।।

सुविद्यैः कथितः शुक्रः, सुव्रतश्चशनिश्चरैः।
नेमिनाथो भवेद्राहोः, केतु श्री मल्लिपार्श्वयोः।।6।।

जन्मलग्नं च राशिं च, यदि पीड्यन्ति खेचराः।
तदा सम्पूजयेद् धीमान्, खेचरैः सहतान् जिनान्।।7।।

भद्रबाहु गुरुर्वाग्मी, पञ्चमः श्रुतकेवली।
विद्यानुवादतः पूर्व, ग्रह शान्तिर्विधिकृता।।8।।

यः पठेत् प्रातरुत्थाय, शुचिर्भूत्वा समाहितः।
विपित्ततो भवेत् शान्तिः, क्षेमं तस्य पदे-पदे।।9।।

# विलक्षण आध्यात्मिक यात्रा के पथिक

मनुष्य को महानता के शिखर पर समारूढ़ करने के लिए किसी एक क्षेत्र में अर्जित श्रेष्ठता ही पर्याप्त होती है किन्तु कुछ बहुआयामी व्यक्तित्व इतने प्रभावशाली होते हैं जो प्रचलित परिभाषाओं को परिवर्तित कर नए जीवन मूल्यों की प्रस्थापना करते हैं। अपनी सर्वतोन्मुखी प्रतिभा से लोक चेतना के प्रेरणा दीप बन जाते हैं। इसी प्रकार शिष्य को योग्य गुरु का आशीर्वाद मिलता है तो शिष्य श्रद्धालु जनसमुदाय के लिए श्रद्धेय बन जाता, बहुत सौभाग्य की बात होती है सद्गुरु का आशीर्वाद उपलब्ध होना। हृदय में धड़कने वाला करुणा का स्पन्दन व्यक्ति को वैश्विक बना देता है। महाकवि बाल्मीकि से मदर टेरेसा तक की कहानी करुणाशील हृदयों की ही जीवन गाथा है। विश्व क्षितिज पर उभरने वाले महापुरुष अपनी करुणाशीलता के आधार पर व्यापक कल्याणकारी बन पाए हैं। इस गरिमामाय सत्य के सृष्टा क्षुल्लक योगभूषणजी महाराज को देखकर हम महसूस कर रहे हैं कि आपके जीवन की विलक्षण विकास

यात्रा जन-जन के लिए अभिनव प्रेरणा है। एक योगी, दिव्यदर्शी, मंत्र महर्षि, ध्यानप्रज्ञ, जाति-सम्प्रदाय के बंधनों से मुक्त, मानवतावादी विराट व्यक्तित्व के धनी धर्मयोगी क्षुल्लकजी एक अनूठे किस्म के आध्यात्मिक गुरु हैं।

*क्षुल्लक योगभूषणजी महाराज का जन्म चम्बल नदी के किनारे पर बसे मध्यप्रदेश और उत्तरप्रदेश के मध्यांतर स्थित धौलपुर जिले के मनियाँ ग्राम में 4 सितम्बर 1985 को हुआ। इनके पिता का नाम श्री विश्वम्बर दयाल जैन व माता का नाम श्रीमती मुन्नीदेवी जैन हैं। चार सन्तानों में सबसे छोटे आप हैं, जिनका पूर्व नाम लवमेश था। शुरुआती पढ़ाई मनियाँ में हुई फिर धार्मिक ज्ञान प्राप्ति की ललक मुरैना (मध्यप्रदेश) खींच ले गई और फिर वहाँ से सांगानोर जयपुर (राजस्थान) में जैन धर्म, संस्कृत का गहन अध्ययन किया। तत्पश्चात आगरा (उत्तरप्रदेश) में प्राकृतिक चिकित्सा, योग-विज्ञान, ध्यान, साधना, ज्योतिष आदि विषयों पर दक्षता हासिल की। परन्तु वैराग्य का बीज अंकुरित होकर अब पल्लवित होना चाहता था तो सन् 2000 में सन्त शिरोमणि आचार्य श्री विद्यासागरजी महाराज से आजीवन ब्रह्मचर्य व्रत को स्वीकार कर जीवनभर अविवाहित रहकर आत्म कल्याण के पथ पर अग्रसर होने की भावना जागी। 31 दिसम्बर 2010 को दिगम्बर जैन परम्परा के श्रेष्ठ आचार्य परम पूज्य श्री शान्तिसागरजी महाराज की परम्परा में पंचम् पट्टाचार्य श्री विद्याभूषण सन्मति सागरजी महाराज के सान्निध्य में क्षुल्लक संन्यास को स्वीकार किया। पूज्य गुरुदेव ने नामकरण किया योगभूषण महाराज।*

आचार्य श्री विद्याभूषण सन्मति सागरजी महाराज की छत्रछाया में मन्त्र विद्या, ज्योतिष, योगविद्या, स्वरविज्ञान, जैन सिद्धान्त, निमित्त शास्त्र, वास्तु आदि विद्याओं का शोधपरक अध्ययन किया। संन्यास से पूर्व ही लगभग 20 वर्षा की उम्र में पश्चिम बंगाल में लालबाग में बीएसएफ के सैनिकों को सर्वप्रथम धर्मयोग का सन्देश दिया। मुर्शिदाबाद जिला के अनेकों केन्द्रीय विद्यालयों में धर्मयोग शिविरों का आयोजन हुआ। लगभग 21 वर्ष की उम्र में भारत-पाकिस्तान की सीमा बाघा बार्डर अमृतसर पर विश्वशान्ति की कामना से शान्तिपथ संचालन किया। विश्वशान्ति, पर्यावरण सुरक्षा, व्यसनमुक्ति, नशामुक्ति, धार्मिक सद्भाव, अहिंसा परमोधर्म की वैश्विक स्थापना, जातीय वर्ण भेद से मुक्त मानवीय एकता के लिए आपने धर्मयोग फाउण्डेशन स्थापित किया। आपके जीवन का उद्देश्य-विश्वमैत्री, धार्मिक सद्भाव, एक विश्व, एक धर्म, एक परमात्मा, एक परिवार है। आपके जीवन का स्वप्न है एक मुस्कान भरी दुनिया का निर्माण जहाँ कोई भी उदास और दुखी ना हो।

क्षुल्लक योगभूषणजी महाराज ने हाल ही में बद्रीनाथ तीर्थधाम में भव्य रूप में स्वस्थ भारत अभियान का शुभारम्भ किया है। जिसका उद्देश्य योग, साधना, मन्त्रों के माध्यम से हर मानव को स्वस्थ बनाना है। ऐसी अनेक सृजनात्मक सम्भावना आपमें समय-समय पर आकार लेती रही हैं, जिसके फलस्वरूप आपके निर्माण की बहुआयामी दिशाएँ उद्घाटित होती गईं। सचमुच आपके जीवन का एक-एक क्षण विकास की रेखाएँ खींचता गया और आज न केवल जैन समाज बल्कि पूरा मानव समाज अपलक आपकी ओर निहार रहा है कि आप क्या कर रहे हैं तथा आप क्या चाह रहे हैं? वास्तव में आपकी चाह वर्तमान परिप्रेक्ष्य

में जन-जन की राह बन गई है। आपकी आध्यात्मिक यात्रा में निरन्तरता, सम्वेदनशीलता और एकसूत्रता है, एक गहरी मानवीय करुणा एवं नैतिक निष्ठा है। सूक्ष्मता और सरलता महान् व्यक्तियों के जीवन में साथ-साथ चलती है। योगभूषणजी महान आध्यात्मिक गुरु हैं, महान दार्शनिक हैं, महान चिन्तक हैं। पर इन सबसे पहले वे महान योगी हैं, सन्त हैं, साधक हैं। और यही कारण है किसी भी तरह की जटिलता की जटाएँ उनसे लिपटी हुई नहीं हैं। सहज, सरल भाषा में गूढ़ से गूढ़ ग्रन्थियों को खोलकर रख देना उनकी सहज शैली है।

क्षुल्लक योगभूषणजी महाराज के नैसर्गिक दुर्लभ गुण विनम्रता, समर्पण भावना, लक्ष्य के प्रति संकल्पबद्धता तथा आत्मानुशासन ने उन्हें शिष्य से गुरु तक पहुँचा दिया। सचमुच आपके जीवन के महनीय पृष्ठों को पढ़कर अगर कोई अपने जीवन का निर्माण करें तो विकास शिखर की ऊँचाइयों का स्पर्श किया जा सकता है। योगभूषण अध्यात्म जगत के महासूर्य हैं, जिनका पूरा जीवन उजाले से ओतप्रोत रहा है। हर बुद्धि सम्पन्न मानस चाहता है कि मेरा विकास हो पर स्वयं का अहंकार-ममकार तथा भाववेश पग-पग पर अवरोध उपस्थित कर देता है। सफलता तभी सम्भव है जब भीतर में ऋजुता-मृदुता व सहिष्णुता हो। इन सद्गुणों के सृजन में मूल्यवत्ता है अपने प्रति समर्पित होने की। आपकी सारगर्भित वाणी कि मैं सबसे पहले अपने प्रति समर्पित रहा और इस समर्पण भाव ने मुझे गुरु के प्रति, अपनी संस्कृति के प्रति एवं अपने राष्ट्र के प्रति समर्पित बना दिया। जहाँ तर्क नहीं, आत्म सम्मान का व्यर्थ प्रश्न नहीं वहाँ कदम-कदम सृजनात्मक चेतना का है। आपका विकास संकीर्णता के घेरे से उन्मुक्त रहा। उनकी दृष्टि में धर्म मानवीय

गुण, क्वालिटी धर्म है, कम्यूनिटी धर्म नहीं है। जो दिव्य है, महामानवीय गुणों से सहित होकर आत्मा के परम स्वभाव को प्राप्त हो गए हैं। उनका मानना है कि जीवन एक अविरल प्रवाह है जो जन्म और मृत्यु के दो केन्द्रों के मध्य सतत प्रवाहित होता है। आज के अराजक, अनैतिक और अशांत समय में योगभूषणजी महाराज का उद्‌बोधन यह है कि मन पर संयम के पुष्प उकेरो, अहिंसा का गीत लिखो और जीवनमूल्यों के बेलबूटे रचाओ। अपने गहन अध्ययन, अन्वेषण और अनुभव के साथ पूर्ण स्वस्थ एवं शान्तचित्त मानव जीवन के सृजन में संलग्न योगभूषणजी का सन्देश है 'खुश रहो, खुश रहो'-जो स्वयं ही विश्वशान्ति का सूत्रपात कर रहा है। जीवन-मृत्यु के गूढ़ रहस्यों को जानने की प्रबल इच्छा के कारण छोटी उम्र में ही साधना पथ को स्वीकारने वाले योगभूषणजी का मानना है कि प्रत्येक प्राणी में अविनाशी-सर्वव्यापी भगवत् सत्ता की अनन्त ऊर्जा प्राणशक्ति के रूप में विद्‌यमान है, जिसकी अभिव्यक्ति ही इस मानव जीवन का परम लक्ष्य है। दुनियाभर के हजारों लोगों ने आपके आध्यात्मिक कार्यक्रम 'स्वानुभूति क्रिया' एवं धर्मयोग के द्वारा अपने अन्दर शान्ति और आनन्द का अनुभव कर जीवन चेतना का रूपान्तरण किया है।

योगभूषणजी महाराज ने अनेक पुस्तकें लिखी है जिनमें मुख्य हैं-धर्मयोग, संप्रेक्षा साधना, अनुप्रेक्षा अनुचिन्तन, प्राणशक्ति जागरण, योगं शरणं गच्छामि, मन्त्र शक्ति जागरण, भक्तामर भारती, मुद्राविज्ञान, सफलता के 7 नियम आदि। लेखक ने इन पुस्तकों में जीवन अर्थ को तलाशने की कोशिश की है। संसार के इतने सारे मोहपाश! के कठिन समय से लड़ने की क्रान्तिकारी घोषणा की जगह किंचित दार्शनिकता है, जो इन

पुस्तकों को नितान्त बयानबाजी से ऊपर उठाकर वहाँ रख देती है, जहाँ मूर्त और अमूर्त, आदर्श और यथार्थ, शब्द और भाव के बीच सन्तुलित दृष्टि दिखाई देती है। आपको ध्यान, योग विद्या एवं मन्त्र हीलिंग में महारती हासिल हैं। दिल्ली, चण्डीगढ़ मध्यप्रदेश, उत्तरप्रदेश, पश्चिम बंगाल, बिहार, महाराष्ट्र, हरियाणा, असम पंजाब, राजस्थान आदि प्रान्तों में अध्यात्म, योग, अहिंसा, करुणा एवं परोपकार की गंगा को प्रवाहमान करने वाले योगभूषणजी ने जीवन के जो आदर्श हैं, वे हम तक पहुँचा रहे हैं। उन जैसे महापुरुषों की खोज एक ही होती है, जीवन का सत्य कहाँ छिपा है, यथार्थ क्या है, सही राह कौन-सी है? इससे अवगत होकर जन-जन को अवगत कराना। आपकी करुणा कुछ व्यक्तियों तक ही सीमित नहीं है अपितु वह सम्पूर्ण मानवजाति से जुड़ी हुई है। सम्पूर्ण मानव जाति ही नहीं अपितु प्राणिमात्र के कल्याण ओर उत्थान की भावना से ओत-प्रोत है। उससे यही प्रतीत होता है कि आज की हिंसाबहुल, मूल्यहीन और उपभोक्तावादी संस्कृति में मनुष्य के अस्तितव और पर्यावरण की सुरक्षा में आपके जैसे करुणाशील व्यक्तियों का चिन्तन और प्रयत्न ही कामयाब हो सकता है। इसके अलावा, वर्तमान में मानव आध्यात्मिक असन्तोष के साथ-साथ मानसिक और शारीरिक तनावों के जिस दौर से गुजर रहा है, उससे मुक्ति दिलाने के लिए आपकी करुणा ने मूर्तरूप लिया है। जिसमें निराशा और हताश मानव को आशा की किरण दिखाई देती है। उनके करुणाप्रसूत कार्यक्रमों की उपयोगिता दिन-प्रतिदिन दिग्दिगन्त में प्रसारित हो रही है।

- ललित गर्ग

*Notes*

# ॥ मंत्र शक्ति जागरण ॥

मंत्र महर्षि
योगभूषण महाराज

BlueRose ONE.com
Stories Matter
NewDelhi • London

www.ingramcontent.com/pod-product-compliance
Lightning Source LLC
LaVergne TN
LVHW091538070526
838199LV00002B/118